一歩
進める　英語学習・研究ブックス

図説
英語の前置詞
（上）

イ・ギドン［著］

吉本 一　チェ・ギョンエ［訳］

開拓社

English Prepositions
Fourth Edition

by KeeDong Lee

Copyright © 2020 by KeeDong Lee
Japanese edition © 2024 by Hajime Yoshimoto and Kyung-Ae Choi

Japanese translation published by arrangement with
Gyomoon Publishers, Gyeonggi-do, South Korea.

訳者まえがき

この本は，韓国で出版されたイ・ギドン著『英語前置詞研究（第4版）』（教文社，2020年）を翻訳したものです。この本の特長として，以下のような点が挙げられます。

1. 英語の前置詞のさまざまな意味・用法を網羅しています。これだけ多様な意味・用法を扱った本はあまりないでしょう。さしずめ英語前置詞辞典のような役割を果たしてくれます。

2. 英語の前置詞の多様な意味・用法は別々に存在するのではなく，それぞれの意味・用法が有機的につながっているものとして説明します。英語辞典を引くと，1つ1つの前置詞に複数の意味・用法が記載されています。しかし，この本では，基本的な意味・用法からさまざまな意味・用法へと拡張し，ネットワークを形成しているとみなしています。

3. 英語の前置詞の多様な意味・用法を，多くの図を用いて説明しています。これらの図を見ながら説明を読んでいくと，英語の前置詞の多様な意味・用法が密接な関係を結んでいるということが理解できるようになるでしょう。図説の豊富さこそが，この本の最大の特長と言えます。

この本は，英語の前置詞についてイ・ギドン先生が40年以上も研究された貴重な成果です。原著『英語前置詞研究』は，1983年に初版が発行された後，3回の改訂を経て，2020年に第4版が発行され，現在でも愛読されています。韓国は日本以上に英語学習熱が高く，社会の変化もめまぐるしいです。そのような韓国で，1冊の英語学習書がこれほど長く愛されるのは，非常にまれなことです。

　イ・ギドン先生は，韓国で最も早い時期から認知言語学的研究に着手し，1991年に設立された談話・認知言語学会の礎を築かれた方です。持病のために文字が見えない中で口述筆記を通じて2020年5月にこの原著の第4版を残し，2020年8月に惜しくも永眠なさいました。イ・ギドン先生の学問的情熱と真摯な態度に敬意と感謝を表し，哀悼の意を捧げます。また，この本が日本の英語学習にも大きく役立つことを切に願っています。最後に，この本の翻訳を勧めてくださったナ・イクチュ先生とペク・ミヒョン先生，この本の出版を決断してくださった川田賢氏をはじめとする開拓社の方々に感謝いたします。

2023年10月　訳者しるす

第4版　まえがき

『英語前置詞研究』の3度めの改訂をするにあたって，未熟なこの本を長い期間にわたり多くの読者が買い求めてくださったことに深く感謝を申し上げます。この本を初めて出したのは，私が延世大学校に在職中のときでした。最近はかなりよくなったと聞きますが，私がこの本を初めて出したころ，教授が本を書くのは本当に大変だったことを覚えています。

　その当時英文科の教授は，専攻科目も教え，教養英語も教えていました。週あたり15時間以上の授業をせねばならず，そのように多くの授業をこなしていると，研究室で落ち着いて研究する時間は多くありませんでした。そのため，すきま時間を最大限活用することで，何とかこの本を世に出すことができました。

　幸いなことに，この本は好評を博しました。それには，いくつかの理由がありました。第1に，どの教授も前置詞に関心を持たなかった時期に，私が初めてこの問題に関心を持ったからでしょう。第2に，前置詞に対してまったく新しい方法で私はアプローチしました。前置詞は使用頻度が高く，辞書を引いてみるとさまざまな意味が載っています。これらの複数の意味の根底に流れる共通属性があり，この共通属性によってさまざまな意味がまとめられるものと，私は考えました。関連性を示せば，複数の意味を理解しやすくなり，これらの意味を長く記憶できるようになると信じました。第3に，前置詞が持つ抽象的な意味を私は図で表しました。この本がこのような特徴を持っているために，多くの読者がいまでも求めてくださっているものと確信します。

　2018年の夏，私に絶好の機会が与えられました。『英語前置詞研究』を教材として，インターネット講義をしてほしいという依頼を受けたのです。初めは断っていましたが，この本をじっくり読みなおさなければという思いから引き受けることにしました。本を校正するための最もよい方法は，その本を教材として教えることだと思います。講義の準備をするためには，教材を精読しなければならないからです。精読をしながら，こなれていない部分は書きなおし，足りない部分は補いました。特に，図の部分を大幅に修正しました。

　少し遅くなりましたが，このように第4版を出すことができ，うれしく思います。これから，読者のみなさんから多くの声援があることを期待しています。

2020年4月　著者しるす

目 次

下巻目次

序文

1. はじめに

この本では，私がこれまで研究してきた英語の前置詞について見ていきます。この本が出版されて 30 年あまりが過ぎましたが，いまでも求める方がいらっしゃいます。この事実から，この分野において研究すべきことが多いと痛感します。

　まず，英語の前置詞に関するいくつかの研究の流れを，簡単に押さえておきましょう。英語の前置詞に関する考え方はいくつかに分かれます。1 つの考え方は，前置詞 at, in, on, by などには意味がないというものです。これは端的に間違った考え方です。表現が異なれば意味も異なります。前置詞に意味がないというのは「家に」「家で」「家へ」の「に」「で」「へ」に意味がないというのと同じです。次の文には前置詞 of, by, for が使われています。前置詞に意味がないとすれば，どうして 1 つの文に 3 つの前置詞が使われるのでしょうか。

> **1** ｜ Government **of** the people / **by** the people / **for** the people

もう 1 つの考え方は，前置詞に多くの意味があるという主張です。このような主張は，辞典を作る方々の考え方です。辞典を引いてみると，1 つの前置詞に多くの意味が載っており，辞典の大きさによって意味の数も異なります。しかし，この方法にも問題があります。1 つの前置詞に数十個の意味があるとすれば，母語話者でもそれを覚えて使うのは難しいでしょう。前置詞 about を辞典で調べてみました。

---

about
① 約，－くらい，－ごろ　② ほとんど　③ …についての（何らかの「主題」や「関連性」を表す）

副詞
①　約，－くらい，－ごろ
　　It costs about $10.
　　（それは（値段が）約 10 ドルする。）
②　ほとんど

6

I'm just about ready.
（私はほとんど準備ができている。）

③　あちらこちらへ
The children were rushing about in the garden.
（子どもたちは庭をあちらこちらへ走り回っていた。）

④　漫然と，あちこち
Her books were lying about on the floor.
（彼女の本は床のあちこちに置かれていた。）

⑤　ただ，何もせず
People were standing about in the road.
（人々がただ道に立っていた。）

⑥　（周囲に）ある［発見される］
There was nobody about.
（周りには誰もいなかった。）

⑦　反対方向に向かうようにして，逆に
He brought the ship about.
（彼は船首を回転させた。）

前置詞
①　…についての（何らかの「主題」や「関連性」を表す）
a book about flowers
（花に関する本）

②　…に関する，…と関連する（何らかの「目的」や「側面」を表す）
Movies are all about making money these days.
（最近，映画はすっかり金もうけばかりに関連するものになった。）

③　…で忙しく，…をしながら
Everywhere people were going about their daily business.
（どこへ行っても，人々は日常に追われて奔走していた。）

④　四方に，あちこち
We wandered about the town for an hour or so.
（私たちは１時間ほど市内のあちこちをめぐった。）

⑤　至るところに，あちこち
The papers were strewn about the room.
（部屋の中のあちこちに新聞が散らばっていた。）

⑥　…の横に；…内に

She's somewhere about the office.

（彼女は事務所の中のどこかにいるだろう。）

⑦　…の周囲［周り］に

She wore a shawl about her shoulders.

（彼女は肩にショールをまとっていた。）

［出典：インターネット Naver 辞典］

多くの意味が列挙されています。このような辞典の問題点は，about が持つ複数の意味の間に関連性が見えないということです。たとえ意味が多くても，関連性があれば学んで覚えることができます。簡単な実験をしてみましょう。私がいくつかの単語を言います。メモを取らないで，ただ聞いてみてください。そして，5 秒後に，聞いたものを思い出してください。

　　グループ 1：リンゴ，梨，柿，スモモ，アンズ
　　グループ 2：列車，線路，切符，乗務員，駅
　　グループ 3：セミ，水，箸，木，クルミ

何度か実験をしてみたところ，被験者たちはグループ 1 とグループ 2 はよく覚えますが，グループ 3 はあまり覚えられませんでした。その理由は，グループ 1 とグループ 2 は単語の間に関連性がある一方，グループ 3 の単語には関連性がほとんどないからです。

　私はこの本において，次のような方法で前置詞にアプローチします。それぞれの前置詞には基本的な意味があり，この基本的な意味が拡大されてさまざまな意味を持つ，という考えです。つまり，1 つの前置詞がさまざまな意味を持っていても，これらの意味の間には関連があることを示します。この本では，このような点に重点を置きます。この本を通じて，みなさんが，前置詞により大きな自信を持つようになることを願います。

2.　用語

以下，この本でよく使われる用語を，いくつか紹介しておきます。これらの用語に馴染みがないかもしれませんが，私たちがいつも身の回りで経験する現象を整

理したものなので，読んでみれば難しいことはありません。

2.1.　前置詞

前置詞は，英語で preposition といいます。前置詞は名詞の前に置かれるという意味です。しかし，これは前置詞の完全な意味とはいえません。なぜなら，前置詞は関係語（relational word）であり，関係には 2 つの個体がなければならないからです。この 2 つの個体は，前置詞の先行詞と目的語です。

> **2**｜先行詞 ＋ 前置詞 ＋ 目的語

前置詞の先行詞と目的語は，意味によって，トラジェクターとランドマークと呼ばれます。

> **3**｜トラジェクター ＋ 前置詞 ＋ ランドマーク

前置詞に使われる 2 つの個体は，位相が同じではありません。前置詞のランドマークが基準となり，この基準によってトラジェクターの位置や動きが決定されます。したがって，ランドマークのほうがトラジェクターより大きくて，近くて，安定しています。次の表現を見てみましょう。

> **4**｜A house on the river
> 　　川に接している家

例文 4 において，川を基準として家の位置が定まります。そのため，次のような表現は不自然です。

> **5**｜The river by the house
> 　　家に接している川

ランドマークはトラジェクターより大きくて近くにあります。さきほど，ランドマークが基準になると言いました。この基準について，少し見てみます。次の 2 つの表現を見てみましょう。

<blockquote>

6 | a. 息子が父親に似ている。
| b. 父親が息子に似ている。

</blockquote>

6a では基準が父親であり，6b では基準が息子です。場合によっては，6b が不自然に感じられる可能性もあります。息子が父親に似るのが正常だからです。

<blockquote>

7 | X＋前置詞＋Y

</blockquote>

この本では便宜上，前置詞に使われる 2 つの個体を，X と Y と呼びます。X は先行詞・トラジェクターに相当し，Y は目的語・ランドマークに相当します。この点を必ず記憶しておいてください。この本の中で X と Y は頻繁に言及されますので，初めからきちんと理解し，混同しないようにしてください。

2.2. 副詞

次に，前置詞についてもう 1 つお伝えすべきことがあります。前置詞の中には副詞としても使われるものがあります。X＋前置詞＋Y の Y が使われない場合です。これを副詞といいます。「**前置詞的副詞**（prepositional adverb）」という長い用語がありますが，この本では単純に副詞と呼ぶことにします。前置詞と副詞は，次のように整理できます。

> 前置詞：X＋前置詞＋Y
> 副詞：X＋前置詞＋ø

副詞の場合は，Y の位置が空いています。Y が使われない理由は，文脈・状況・常識から推測できるからです。

次の 2 つの文を比較してみましょう。

<blockquote>

8 | a. Let's get on the bus.　[前置詞]
| バスに乗りましょう。
| b. The bus has arrived. Let's get on ø.　[副詞]
| バスが来ました。（そのバスに）乗りましょう。

</blockquote>

8a では on が目的語 the bus と一緒に使われているので前置詞です。一方，8b では on の目的語が使われていないので副詞です。8b で目的語 the bus が使われない理由は，前の部分ですでにバスのことに触れているため，わざわざまた言わなくても，乗ろうと言えば何に乗るのか分かるからです。停留所で 2 人がバスを待っているところに，バスが来ました。これを 2 人とも見ました。この場合，「乗ろう」と言えば十分で，わざわざ「バスに乗ろう」と言う必要がないのと同様です。次に，常識から目的語が推測される例を見てみます。次の文を見ましょう。

| 9 | He put a shirt on ø. |
| | 彼はシャツを着ている。 |

例文 9 は，彼がシャツを着ているという意味です。この文でも副詞 on が使われ，目的語が表現されていません。服を着れば服は主語の体に行き着くのが当然ですから，服がどこに行き着くのかわざわざ言う必要がありません。このように考えれば，常識から on の目的語を推測することができます。次も同様です。

| 10 | He put a hat on. |
| | 彼は帽子をかぶった。 |

帽子は頭にかぶるものなので，わざわざ頭と言わなくても，帽子がどこに行き着くのか分かります。もし帽子が頭でないところに行き着くならば，これは明示されるでしょう。

| 11 | He put his hat on the table. |
| | 彼は帽子をテーブルに置いた。 |

このことは，次のような例を見れば簡単に理解されるでしょう。

12	彼は帽子を＿＿＿にかぶった。
	彼は靴を＿＿＿に履いた。
	彼は指輪を＿＿＿にはめた。
	彼は服を＿＿＿に着ている。

例文 12 で空欄に入る言葉はほとんど予測可能です。帽子は頭，靴は足，指輪は手の指，服は体です。このように予測できるので，特別な場合でなければ言及されません。

　特別な場合には，次のように部位が明示されなければなりません。

13 ｜ 彼は小さな帽子を大きな頭にかぶった。

上で見た put on の場合，「熟語」としてひとかたまりで丸暗記するようになっています。しかし，put と on には意味があり，on が副詞として使われるのにも理由があることを確認しました。

　以上，前置詞の中には副詞としても使える場合があることを見ました。on 以外の前置詞もこのような分析が可能です。例えば，前置詞 up は副詞としても使えます。これは珍しいことではなく，英語ではよく見られる現象です。例えば，snow や rain は，名詞としてだけでなく，動詞としても使われます。

2.3. 不変化詞

私たちは上で，前置詞および前置詞から派生した副詞を見てみました。ところで，句動詞の要素として，前置詞，前置詞から派生した副詞以外に，別の副詞があります。これを「一般副詞」と呼びます。この副詞には，これに相応する前置詞がありません。場合によっては，これら 3 つをまとめる必要があります。このような場合，**不変化詞**（particle）という用語を使います。

14
不変化詞 ── 前置詞
　　　　── 前置詞的副詞
　　　　── 副詞

前置詞という用語を使えば，前置詞は含まれますが，副詞は含まれません。また，副詞という用語を使えば，副詞は含まれますが，前置詞は含まれません。そのため，前置詞と副詞をいずれも含む用語「不変化詞」が必要になります。

2.4. 句動詞

前置詞を扱っていると，自然に句動詞（phrasal verb）を扱わざるをえません。なぜなら，句動詞は動詞と前置詞または副詞から成るためです。すなわち，動詞と不変化詞から成るためです。

句動詞は，さまざまな用語で呼ばれています。例えば，「熟語」「2 語動詞」「3語動詞」「動詞と不変化詞の結合」等々です。この本では，句動詞という用語を使います。

　句動詞は英語学習においてとても重要です。この重要性に照らしてみるとき，句動詞の教育にはまだまだ改善すべき点がたくさんあります。まず，句動詞はこれを構成する動詞と不変化詞に意味がないと見ており，これを 1 つのかたまりとして教育・学習しています。例えば，take off は「離陸する」という意味だと教えています。つまり，take と off にはそれぞれの意味がないので，これをかたまりとして覚えるしかないというわけです。しかし，実際はそうではありません。すべての句動詞は分析可能です。すなわち，句動詞の意味は，これを構成する動詞と不変化詞の意味から，導き出すことができます。take off を例に見てみましょう。この句動詞は次のように使われます。

16	a.	The plane took off for LA.
		飛行機が LA に向けて離陸した。
	b.	The train took off.
		列車が出発した。
	c.	The man took off without saying good-bye.
		その男性はあいさつもせず急に去った。
	d.	The singer took off.
		その歌手が有名になりはじめた。

take off は，乗り物や人がどこかを出発する場合にも使われ，人が有名になる場合にも使われます。take off を分析してみましょう。take の他動詞的用法のうちの 1 つが移動動詞です。次の例文を見ましょう。他動詞として使われると，何かを「つかむ」「取る」という意味を表します。

> **17** He took me to the airport.
> 彼が私を空港に連れていってくれた。

take は，自動詞でも「移動する」という意味があります。

> **18** a. People took to the streets.
> 人々が道へ出ていった。
> b. He took to the stage.
> 彼は舞台へ行った。
> c. The plane took to the air.
> 飛行機が空へ上がっていった。

また，off が前置詞として使われるとき，X off Y において X が Y から離れる関係を表します。例文 16b で，off は副詞として使われています。そのため，目的語が使われていません。目的語が使われていない理由は，話し手と聞き手がそれを推測できるからです。飛行機は空港から，列車は駅から，人はいた場所から出発します。目的語が必要な場合には，次のように明示できます。

> **19** a. The plane took off the military base.
> 飛行機が軍事基地を離陸した。
> b. The train took off the station.
> 列車が駅を出発した。
> c. The man took off the room.
> その男性が部屋を出た。

他動詞 take の使われた take off を「脱ぐ」と翻訳し，これをひとかたまりで覚えさせます。次の文を見てみましょう。

> **20** He took his hat off.
> 彼は帽子を脱いだ。

例文 20 では，take は帽子をつかむことを表し，off は帽子が頭から離れた関係を表します。つまり，彼が帽子をつかんで，それを頭から離す過程を描写します。要するに，take にも off にも意味があります。

　この本では多くの句動詞を扱います。しかしこの本では，句動詞をひとかたまりで覚えなさいというようなアプローチはしません。句動詞を 1 つ 1 つ分析し，それがどうしてそのような意味を持つのかを示します。

2.5.　メタファーとメトニミー

次に，メタファーとメトニミーについて，少しお話しします。メタファーとメトニミーは，日常言語に少しでも注意を傾けてみると，広く使用される現象であることが簡単に分かります。これらの概念は主に文学で扱われるので，特別なものと思われがちです。しかし，まったくそうではありません。この 2 つの概念は，前置詞と句動詞を理解するのにとても重要なので，少し紹介します。

2.5.1.　メタファー

まず，メタファー（metaphor）について見てみます。メタファーは「隠喩」と訳されます。メタファーとは，どのようなものでしょうか。次の例を見てみましょう。

> **21** 幸せはアイスクリームである。

この表現は，私がある放送で聞いたものです。メタファーの例と考えて記憶しました。一部の人たちはこのような表現はまったく話にならないと拒否するかもしれませんが，意味をなすものとして解釈してみましょう。私はこれをメタファーだと言いました。これがどうしてメタファーになるのか見てみましょう。幸せとアイスクリームを比較してみましょう。

分類	幸せ	アイスクリーム
触ることができる	×	○
見ることができる	×	○
盛ることができる	×	○
甘い	○	○
長く持たない	○	○

上の表を見て分かるとおり，幸せとアイスクリームには，同じ点もあり，異なる点もあります。幸せもアイスクリームも，甘くて，長く持たないという共通点があります。一方，触ることができるかどうか，見ることができるかどうか，盛ることができるかどうかなど，違いもあります。メタファー（隠喩）には，あるものと別のものの同じ点を強調（highlighting）し，異なる点を隠す働き（hiding）があります。

　メタファーの他の例として，次を考えてみましょう。

---

22 | Time is money.
　　　時間はお金である。

時間とお金は，貯蓄することができ，使ったり浪費したりすることができます。このように，同じ点のみ強調し，時間は抽象的でお金は具体的だという異なる点を隠せば，メタファーになります。

　次に，メタファーと句動詞について少し見てみましょう。

---

23 | a. | He is simmering inside.
　　　　　彼は腹の中がぐつぐつ煮えくり返っている。
　　　b. | He is bubbling up.
　　　　　彼は腹の中が煮えたぎっている。
　　　c. | He flipped the lid.
　　　　　彼は（理性の）蓋が吹っ飛んだ（堪忍袋の緒が切れた）。

例文 23 は，お湯が沸く過程などを表しますが，人の怒りを表すのにも使われます。そのようなことが可能な理由は，〈怒りは容器に入ったお湯である〉という

メタファーが英語にあるからです。次も見てみましょう。次の 24 は文字どおりの表現で，25 はメタファー的表現です。

24	a.	The plane burned up in the air.
		飛行機が空中で燃えてしまった。
	b.	The match flared up.
		マッチにパッと火がついた。

25	a.	He burned up.
		彼はひどく慣った。
	b.	He flared up.
		彼はカッとなった。

韓国語や日本語では，怒りはよく火や炎で表現されます。

2.5.2.　メトニミー

メトニミー（metonymy）は「換喩」と訳されます。「換」は「換える」という意味です。何を換えるのでしょうか。メトニミー（換喩）は，名詞の指示対象を変える過程です。「皿」という名詞は，〈皿〉という個体を指します。この言葉は特定の状況で指示対象が変わるのですが，これがメトニミーです。次の例を見てみましょう。

| 26 | The chef cooked a very delicious dish. |
| | シェフがおいしい皿を料理した。 |

例文 26 に使われた「シェフ」「料理する」「皿」は，少し変です。おいしい食べ物を料理することはできても，皿を料理することはできません。では，26 は間違っていると考えるべきでしょうか。そうではありません。26 は適切な文であり，母語話者なら誰でも理解できる文です。これが可能なのは，メトニミーによるものです。dish はもともと〈皿〉を指しますが，場合によっては〈皿に入った料理〉を指すことがあります。

> **27** | dish: 皿 ---------▶ 料理
> └─ メトニミー ─┘

メトニミーもまた，英語の前置詞や句動詞を理解するのに重要です。次の例を見てみましょう。

> **28** | She cleaned out the fridge.
> 彼女は冷蔵庫の掃除をした。

副詞 out は，何かが中から外に出てくるという意味ですが，例文 28 では冷蔵庫がどこかから出てくるという意味ではありません。この場合，「冷蔵庫」はメトニミー的に〈冷蔵庫の中に入っている物〉を指します。次の表現も見てみましょう。

> **29** | a. He emptied out his pocket.
> 　　　 彼はポケットの中の物を出した。
> 　　 b. Pick up your room.
> 　　　 あなたの部屋に散らかっている物を片づけなさい。

29a は，〈ポケット〉自体を出すのではなく，〈ポケットに入っている物〉を出すという意味です。29b も，〈部屋〉を拾い上げるのではなく，〈部屋に散らかっている物〉を拾い上げるという意味です。

2.6. 意味ネットワーク

よく使われる単語はさまざまな意味を持ちます。ところで，これらのさまざまな意味は関連性もなくバラバラに散らかっているのではなく，互いに関連していることが分かります。例えば，名詞 ring を考えてみましょう。ring といえば真っ先に思いつくのは「指輪」です。ところで，ring は，手の指にはめる指輪から，ブレスレット，イヤリングなどに拡大されて使われます。これらの共通点は，丸いアクセサリーです。丸いアクセサリーの共通点は丸い形です。丸い形をしているものには，ボクシング場，円形競技場，車輪，輪などがあります。また，丸い形は，物体ではなく，模様にまで拡大されます。円形，年輪などです。これを整

理すると，次のような意味ネットワーク（semantic network）を形成します。

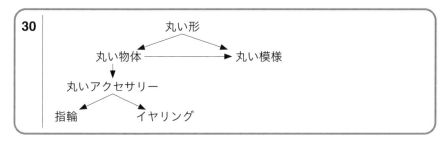

名詞 reception を見てみましょう。この名詞は，次のような意味を持ちます。

1. 受け入れ　　　　　　　　2. 応接・接待
3. 受付（窓口）　　　　　　4. 入会・加入
5. 反応　　　　　　　　　　6. 受信

reception には，上のように，大きく分けて6つの意味があります。しかし，すべての意味には「受け入れ」という共通点があり，何が何を受け入れるかによってさまざまな意味が生じます。

1. 応接・接待は，人が人を迎えることを意味する。
2. 受付は，文書などを受け取ったり来訪者の取り次ぎをしたりすること，またそれが行われる窓口を意味する。
3. 入会・加入は，人が会社や学会などの団体に入ることを意味する。
4. 反応は，何らかの刺激を受けて，ある活動・変化が生じることを意味する。
5. 受信は，ラジオなどの機器が電波を受け取ることを意味する。

この本では，前置詞も上のような意味ネットワークを持っていることを示していきます。

2.7.　カテゴリー化

私たちの周りには，数多くの事物があります。これらのものを1つ1つ扱う場合もありますが，これらをまとめて扱う場合もあります。事物をまとめる過程を**カテゴリー化**（categorization）といい，事物をまとめた結果をカテゴリーとい

19

います。ほとんどすべての単語はカテゴリーであるといっても過言ではないで
しょう。例えば，「果物」もカテゴリーです。「果物」のカテゴリーにはどんなも
のが入るでしょうか。いくつか挙げてみましょう。

図1

果物のカテゴリーに入る「リンゴ」もまたカテゴリーになるので，その中に構成
員があります。

　それぞれのカテゴリーには構成員があります。しかし，これらの構成員がすべ
て同じ位相を持つわけではありません。構成員の中で最も模範的なものや典型的
なものを，**プロトタイプ**といいます。ある構成員はプロトタイプに近くカテゴ
リーの属性を多く持っていますが，ある構成員はそうではありません。「果物」
の例を挙げてくださいと言えば，どんな果物が真っ先に頭に浮かぶでしょうか。
私の場合は「リンゴ」が真っ先に思い浮かびます。このような判断は，普遍的で
はなく，文化圏によって異なる場合がありえます。例えば，ある文化圏にはリン
ゴという果物がない可能性もあるからです。あるカテゴリーにおいて，真っ先に
思い浮かび，最もよく使われ，最も早い段階で接する構成員が，そのカテゴリー
のプロトタイプになります。したがって，著者の場合は「リンゴ」が果物カテゴ
リーのプロトタイプになります。

図2

「鳥」カテゴリーを考えてみましょう。「鳥」の例を挙げてほしいと言えば，みな
さんはどんな鳥が思い浮かびますか。私の場合はスズメです。生まれて真っ先に
見て，またよく見かけたのが，スズメだからです。しかし，最近はあまりスズメ
を見かけないので，スズメを見たことがない方々にとってはプロトタイプになり
えないでしょう。

　さきほど，すべての単語はカテゴリーだと言いました。そうすると，私たちが
先に見た英単語 ring もカテゴリーということになります。このカテゴリーのプ

ロトタイプは何でしょうか。ring の持つさまざまな意味は ring の構成員です。この構成員の中で最も典型的なプロトタイプがあるはずです。何が ring の典型になるでしょうか。ring という単語を聞いて真っ先に頭に浮かぶのは指輪でしょう。これが ring のプロトタイプだと言えるでしょう。

2.8.　話し手・聞き手・状況

私たちは，多くの場合，印刷された文字を通じて英語を学んできました。最近では，かなり変わったようではありますが。言葉というのは，実際の状況で話し手（speaker）が聞き手（listener）に意思を伝達するものです。では，次の文を，実際の状況で話し手が言った言葉だと考えてみましょう。

> **31**　｜　社長：ここは暑いな。

印刷された文字を通じて言葉を学ぶとしても，話し手と聞き手がいて何らかの状況（context）があってはじめて，言葉が成り立つということを，理解しなければなりません。例文 31 を，次のような状況で考えてみましょう。話し手は社長，聞き手は社長秘書，場所は社長室，時間は朝の出勤時間。社長が朝出勤して社長室に入るときにこう言ったとすれば，秘書はどのように反応すべきでしょうか。

> **32**　｜　秘書：はい，本当に暑いです。

このような返事をするようでは，その秘書は長く続かないでしょう。社長は，部屋を涼しくしなさいという意味で言ったのかもしれません。機転の利く秘書であれば，エアコンをつけるなり扇風機でもつけるなりするでしょう。
　また別の例を見てみましょう。

> **33**　｜　I pronounce you 10 years in jail.
> 　｜　私は被告に 10 年の懲役刑を宣告する。

この言葉は，裁判官が法服を着て法廷で言ってはじめて，効力が発生します。法服を着て道端でこのようなことを言っても，効力は発生しません。

次に，定冠詞 the の用法を見てみましょう。定冠詞は英語で definite article といいます。definite の意味は次のとおりです。

> **34** If something such as a decision or an arrangement is definite, it is firm and clear, and unlikely to be changed.
> 決定や準備などがしっかりしていれば，それは確かで，明確で，変更される可能性は低い。

34 の定義をどれだけ一生懸命見つめても，定冠詞の用法を説明するのに役に立ちそうにありません。なぜなら，34 の定義には話し手と聞き手が含まれていないからです。特に，話し手と聞き手の意識の問題と結びつかなくてはなりません。意識というのは，私たちの持っている多くの知識のうち特定の時間に頭に浮かんでいる部分だと言えます。

次の例文を見てみましょう。うちの子が幼いとき，外から帰ってきて，次のようにねだりました。

> **35** あれ，ちょうだい！

何かが欲しいというのです。でも，それが何なのか，親にも分かりませんでした。どうしてこのような問題が生じるのでしょうか。幼い子どもは対話に慣れていないからです。何かが子ども自身の意識の中にあれば，それが親たちの意識の中にもある，と考えるからです。英語でも同様です。友だちに会って，私がいきなり the smartphone と言ったとしたら，友だちにはどのスマホなのか分かりません。

> **36** a. I have bought the smartphone.
> 　　私，そのスマホ買ったよ。
> b. ?

友だちは「どのスマホなの」と問い返すでしょう。私が思い浮かべている対象が相手の意識の中にもあると判断したときに，定冠詞 the を使うのです。次の発話を考えてみましょう。

> **37** I have bought a smartphone.
> 私，スマホ買ったよ。

この発話を通じてスマートフォンの概念が聞き手の意識に登録されたと考えれば，the smartphone や代名詞 it を使用することができます。この関係を，次のように 3 段階に分けてみましょう。

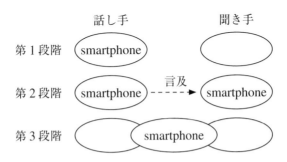

図3

第 1 段階では，smartphone の概念が話し手の意識にのみあります。第 2 段階では，話し手が smartphone に言及することで，この概念が聞き手に伝達されたと考えられます。そして，第 3 段階では，話し手が意識している事物を聞き手も意識していると判断すれば，定冠詞 the が使えるようになります。

　次のような発話も考えてみましょう。

> **38** I went to the post office.
> 私は郵便局に行った。

例文 38 のように，post office の場合，先立つ言及がなくても，同じ町に住んでいる友だちに対して，the で指示することができます。例えば，町には郵便局が 1 つしかなく，郵便局と言えば聞き手もその郵便局を思い浮かべるだろうと話し手が判断するとき，定冠詞 the が使われます。

　最後に，定冠詞 the の用法を整理しておきます。定冠詞 the は，話し手が意識している対象を聞き手も意識していると話し手が判断するとき，使うことができます。

一般概要

1. 前置詞

ここでは，前置詞に関連する一般的な事実をいくつか見ておこう。前置詞には，その先行詞と目的語という2つの個体が必要である。この本では便宜上，先行詞をX，目的語をYで表す。

> **1** | X 前置詞 Y
> a book on the table
> テーブルの上の本

前置詞の基本的意味は2つの個体の間の関係を表すものであるが，2つの個体XとYの位相は同じではない。すべての場合において，Yが基準となり，この基準に照らしてXの位置や動きが決定される。

> **2** | a. a cat after a mouse
> ネズミを追いかける猫
> b. a mouse after a cat
> 猫を追いかけるネズミ

例文2a・2bのうちどちらが，私たちが実際に見ることのできる状況に合っているだろうか。2aでは猫がネズミを追いかける関係であり，2bではネズミが猫を追いかける関係である。2bのようにネズミが猫を追いかけることは，かなり珍しいか，あるいは，ほとんどない。このことからも，XとYの間の位相が異なることが分かる。

2. 前置詞的副詞

基準となる前置詞の目的語Yは，先立つ文脈や状況から予測可能であれば省略される。つまり，先行詞だけが残る。このような場合，この本では，単純に副詞

と呼ぶことにする。

前置詞：X＋前置詞＋Y
副詞：X＋前置詞＋ø

次において，across の目的語は明示されていないが，予測可能である。

---

3 | He came to a bridge and went across.
彼はある橋に到達して（それを）渡った。

例文 3 で省略された目的語は，前の部分に出てきた a bridge である。

across の目的語にはさまざまなバリエーションがありうる。直線や曲線も可能で，川や道も可能で，野原や山も可能である。

このように across にはさまざまなバリエーションがありうるが，その中で最もプロトタイプ的なものは across の X と Y がどちらも直線の場合である。これをプロトタイプ的な関係といい，そのほかのものを変異形という。1 つの前置詞の多様な意味を提示するにあたっては，まずプロトタイプ的な関係を提示し，その後に変異形を提示する。

前置詞の先行詞は前置詞の直前に使われる。4a がそのような場合である。

---

4 | a.　the store across the street
道の向かい側にある店
b.　The store is across the street.
その店は道の向かい側にある。

この場合，across は 2 つの個体間の関係を表す。ところで，この関係が時間の中に存在することを表すためには，be 動詞や 5 のような存在動詞が使われる。この場合，前置詞の先行詞と前置詞の間は動詞によって切り離される。

---

5 | The store lies/stands/sits across the street.
その店は道の向かい側にある。

---

3. 前置詞＋名詞＋前置詞

前置詞を見てみると，次のように「前置詞＋名詞＋前置詞」の構造を持つ表現が
かなり目につく。

> **6** a. in front of
> b. in place of
> c. on top of
> d. in comparison with

前置詞の意味をきちんと理解すれば，これらの表現も自然に理解される。

4. 前置詞句

前置詞の目的語には名詞が使われる。では，この位置には，どのような名詞が来
るだろうか。次に見られるように，前置詞の目的語の位置には，名詞，代名詞，
修飾語とともに使われた名詞などが来る。

> **7** with John/him/a friend/a good friend of his

7 の表現はすべて構成要素が異なる。しかし，これらはそれぞれ名詞のような役
割をするので，これらを**名詞句**という。前置詞と名詞句が一緒に使われると，**前
置詞句**になる。これを一般化すると，次のようになる。

> 前置詞句：前置詞＋名詞句

5. 前置詞句の機能

前置詞句は文の中でどのように使われるだろうか。前置詞句は，大きく分けて文
の中で 2 つの方法で使われる。1 つは動詞句や形容詞句を修飾する役割であり，

もう 1 つは名詞句を修飾する役割である。次の例を見てみよう。

---

8 The hunter shot the lion **in a cage**.
　　a.　猟師はおりの中からライオンを撃った。
　　b.　猟師はおりの中にいるライオンを撃った。

---

in a cage は，8a では動詞 shot を修飾し，8b では名詞句 the lion を修飾する。このことから，場合によって，1 つの前置詞句が 1 つの文の中で両義的な機能を持つ可能性があることが分かる。

　前置詞句は動詞と一緒にどのように使われるだろうか。文の中で，動詞は，ある出来事の場面を設定する。この出来事には，さまざまな参与者がいる。次の例を見てみよう。

---

9 He cut a tree with an axe in the forest with a friend.
　　森の中で，彼は友だちと一緒に，斧で木を切った。

例文 9 において動詞 cut が設定する出来事の場面には，切る人，切られる個体，道具，場所，同伴者のような参与者がある。切る人は主語として，切られる個体は目的語として表現される。それ以外は前置詞句で表現される。

　次でも，走る人は主語として表現され，出発地，到着地，天気は前置詞句で表現されている。

---

10 He ran from his school to his house in the heavy rain.
　　学校から家まで，彼は激しい雨に打たれながら走った。

形容詞の場合も，前置詞句を使ってそれと関連する概念を表す。

11　a.　He was angry about that.
　　　　　彼はそれに対して腹が立った。
　　b.　He was angry with his brother.
　　　　　彼は兄に腹が立った。
　　c.　He was angry at his brother.

> 彼は兄のせいで腹が立った。

例文 11 のうち，11a の about that は怒りの対象，11b の with his brother は怒りの相手，11c の at his brother は怒りの原因を表す。

次に，名詞句を修飾する前置詞句の例を見てみよう。

12	He sat on a bench in the park across the street.
	彼は道の向かい側にある公園の中の椅子に座っていた。

    sat [on a bench]

    a bench [in the park]

    the park [across the street]

例文 12 で，前置詞句 on a bench は動詞 sat を修飾し，前置詞句 in the park は名詞句 a bench，前置詞句 across the street は名詞句 the park を修飾する。次の例も見てみよう。

13	He read a book beside a lamp on the table in the kitchen.
	彼は台所にあるテーブルの上のランプの横で本を読んでいた。

    read a book [beside a lamp]

    a lamp [on the table]

    the table [in the kitchen]

例文 13 で，in the kitchen は the table，on the table は a lamp，beside a lamp は read を修飾する。

6. カテゴリー化能力

人間が人間として生きていくには，さまざまな認知能力が必要である。例えば，記憶，意識，注意，比較などである。この能力のうち言語使用にとって重要なのは，事物を比較し，似たものを分離してまとめる，**カテゴリー化能力**である。こ

こでは，この能力が言語使用と理解にとってなぜ重要なのかを見てみる。英語の綴り p とこの綴りに相当する音について見てみよう。綴り p は次のようにいくつかの異なる音として実現される。綴り p が実際に発音される具体的な音は [pʰ]，[p]，[p⁻] のように [　] の中に入れて表示し，それらをまとめた抽象的な音は /p/ のように /　/ の中に入れて表示する。

14　/p/ ── pine [pʰain]
　　　　├─ spine [spain]
　　　　└─ snip [snip⁻]

整理すると，/p/ は次のような 3 つの音を持つ。

図 1

[pʰ] は両唇を閉鎖した後に強い息を伴って破裂する音であり，[p] は両唇を閉鎖した後に強い息を伴わずに破裂する音であり，[p⁻] は両唇を閉鎖した状態で止める音である。概略的に記述したが，この 3 つの音はそれぞれ異なる。しかし，英語ではこれらが同じ音と認知される。その理由の 1 つは，これらが両唇を使って作られるからである。/p/ だけでなく，/t/ や /k/ も同様の規則性を示す。次を見てみよう。

15　tone [tʰ]　　　　　　kit [kʰ]
　　　stone [t]　　　　　skit [k]
　　　sit [t⁻]　　　　　　sick [k⁻]

/　/ の中に表示された /t/ や /k/ を**音素**と呼ぶ。これらの音素には，それぞれ 3 つの異音がある。このように見ると，音素はカテゴリーであり，音素のカテゴリーにも構成員（異音）がある。カテゴリーの構成員の中にはプロトタイプ的なものがある。英語の閉鎖音 /p/, /t/, /k/ の場合は，[pʰ], [tʰ], [kʰ] がプロトタイプである。これらが閉鎖音の特徴を最も多く持っていると見ることができるからである。

　私たちが使う語彙にもカテゴリー化現象があることが分かる。**果物**というカテ

ゴリーは，次のような実を含んでいる。

果物

リンゴ　　梨　　ウリ　　スイカ　　イチゴ　　バナナ　　　…

図2

図2を見ると，果物というカテゴリーにはリンゴや梨などの構成員がある。構成員を互いに比較してみると，同じ点がほとんどない。梨とウリを比べてみても，同じ点が目につかない。他の構成員を互いに比べても，同じ点が見当たらない。それにもかかわらずこれらが果物の構成員に分類されるのは，ある共通する属性があるからである。ここでの共通点は，大きさや形よりも，さらに抽象的なものになる。この場合の共通する属性は，植物の実であり，甘い味がするものと見ることができる。

　図2において，果物のカテゴリーには複数の構成員がある。ところで，これらの構成員の資格は互いに異なる。例えば，リンゴとイチゴを比べてみると，リンゴのほうがイチゴより果物らしい。これは，構成員の資格に程度の差があることを表す。構成員の中で最もプロトタイプ的なものがあるかと思えば，最も果物らしくない構成員もある。リンゴとバナナを比べれば，どちらのほうがより果物らしいだろうか。果物という言葉を聞いて真っ先に思い浮かべる果物は何だろうか。筆者の場合は，リンゴが思い浮かぶ。このことから，私たちの文化圏では，リンゴのほうがバナナより果物のカテゴリーのプロトタイプだと解釈できる。

　前置詞の意味も同様である。例えば前置詞 across は，1つの個体（X）がある地域（Y）を横切っている関係や，自動車（X）が地域（Y）を横切っていったり，人（X）が歩いて地域（Y）を横切っていったり，飛行機（X）が地域（Y）を横切っていったりする関係などに使われる。

　上の関係はそれぞれ互いに異なる。それにもかかわらず，これらの関係が1つの前置詞で表現されている。ということは，これらの関係の間に共通点があるということである。それは，1つの個体が別の個体を横切る関係である。

　上では横切る個体Xの特性のみ変えてみたが，横切られる個体Yもさまざまに変異しうる。いくつかの例を挙げると，川，道路，鉄道，山，平野，海などがありうる。

　私たちは上で，カテゴリーの構成員の資格がまったく同等でないことを確認し

た。/p/ の場合は [pʰ]，果物の場合はリンゴ，前置詞 across の場合は X と Y が線形で実体のあるものが，それぞれのカテゴリーのプロトタイプであることを見た。この本では，前置詞 1 つ 1 つの意味を探る。まずプロトタイプ的な関係を提示した後，どのような変異形があるかを見ていく。例えば，across のプロトタイプから遠い変異形の 1 つは，X も Y も線形ではない関係である。それでも，X が Y の一方から他方へ伸びているか広がっている点は，across の意味と一致する。したがって，このような非プロトタイプ的な変異形は，across を扱う項目の最後の部分で提示されるだろう。

　また，前置詞も 1 つのカテゴリーである。このカテゴリーの構成員の中には，about，above，below などがある。前置詞の各構成員はプロトタイプ性の程度が異なる。大部分の前置詞は，前置詞としてだけでなく前置詞的副詞としても使われる。一方，前置詞の中には，against や for のように，前置詞としてのみ使われるものもある。

7.　メタファーとメトニミー

George Lakoff 教授が『*Metaphors We Live By*（人生とレトリック）』（1980）を発表して以降，多くの言語学者がメタファー（隠喩）に関心を持つようになった。私たちが考える以上に，言語においてメタファーがよく使われており，重要性が高いためである。メタファーとは，あるものを別のものになぞらえ，同じ点のみ強調し，異なる点は隠すレトリックである。次は，メタファーの 1 つの例である。

16	He is a pig.
	彼は豚だ。

厳密な意味において人は豚ではないが，実際には，必要に応じてこのような表現を作って適切に使うことができる。いかにして，このような比較が可能になるのであろうか。人には人としてのさまざまな属性があり，豚にも豚としての属性がある。

17	人	豚
	直立歩行	四足歩行
	尾がない	尾がある
	毛がない	毛がある
	食い意地がある	**食い意地がある**

17には，人と豚の属性がいくつか列挙されている。人と豚の属性は異なるが，太字で示した属性だけは同じだとしよう。このような場合に，同じ点を強調し，それ以外の点は隠してしまうのが，メタファーの特徴である。

　日本語でも，次のようなメタファーがよく使われる。よく使われるため，普通はこれをメタファーだと意識できない。

18	人生は旅である。

このメタファーは，次のような表現に溶け込んでいる。

19	a.	人生は旅路である。
	b.	私たちは，これまで懸命に生きてきたし，これからも懸命に生きていく。
	c.	彼はいま，いばらの道を歩いている。
	d.	彼は大切な旅行の同伴者だ。

例文19は，抽象的な人生を具体的な旅行に喩えるメタファーである。旅行には，道があり，同伴者がいる。また，険しい道や平坦な道がある。このようなことが，〈人生は旅である〉というメタファーによく表れる。

　また別の例として，心に関するメタファーを見てみよう。心は抽象的なものである。しかし，これを具体的なものに喩えて，メタファーで表現できる。

　次のような表現を見れば，〈心は容器である〉というメタファーが存在することが分かる。

20	a. 心を空にした。
	b. 心が心配でいっぱいだ。
	c. 心がむなしい。
	d. 心が幸せで満ちている。

メタファー研究は言語研究にとって必須である。また，これと似た概念として，**メトニミー**（換喩）がある。メトニミーは名詞の指示対象が変わるレトリックである。指示対象が変わるといっても，予測可能な範囲で変わらねばならない。そうでなければ，コミュニケーションが困難になる。指示対象が変わる方法には，大きく分けて2つある。1つのタイプは，部分で全体を指すものである。すなわち，部分を指す言葉で全体を指すレトリックである。次を見てみよう。

21	a. そのチームは投手／捕手がいい。
	b. そのマラソンに多くの健脚が参加した。
	c. その党には若い血が必要だ。
	d. その学会には新しい顔が多かった。

21では手，脚，血，顔など人体の部分を指す言葉が使われているが，実際には人全体を指している。これは，部分で全体を指す例である。次も同様である。

22	a. 坊主頭が現れた。
	b. 赤毛が欠席した。
	c. 私は縮れ毛に会った。
	d. 彼の好きな短髪が通り過ぎた。
	e. 長髪は立ち入り禁止だ。

22には髪を指す多様な名詞が使われているが，いずれも人全体を指している。

　メトニミーのもう1つのタイプは，全体で部分を指すものである。次の例を見てみよう。23a では he が人の身長を指し，23b では he が人の体重を指す。

23	a. He is 180cm tall.
	彼は身長が 180cm である。
	b. He weighs 80kg.
	彼は体重が 80キロである。
	c. He is big.
	彼は体格が大きい。
	d. He is strong.
	彼は力が強い。

次において，he はその人の心を指す。

24	a. He thinks he is great.
	彼は自分が偉大だと思っている。
	b. He is warm-hearted.
	彼は心が温かい。
	c. He is very generous.
	彼は心が広い。
	d. He is narrow-minded.
	彼は心が狭い。

23 と 24 の主語はすべて同じ he である。しかし，同じ he が，23 では体を指し，24 では心を指す。

　次の例では，形容詞 big が叙述的に使われている。

25	a. He is big.
	彼は体が大きい。
	b. He is big on baseball games.
	彼は野球の試合に関心が高い。
	c. He is big in cognitive linguistics.
	彼は認知言語学において重要な人である。

25 の主語としてすべて he が使われているが，25a では体，25b では関心，25c

では重要性を指す。

　以上，メタファーとメトニミーのレトリックを概観した。この過程は，言語の意味を記述するのに，大きく役立つだろう。

　前置詞を理解するためにも，メタファーとメトニミーの概念が必要である。次の例を見てみよう。

---

26 | He is above deceit.
　　　彼は詐欺の上にいる。

---

26 の he を彼自身として解釈すると，意味が通じない。彼自身が詐欺の上にいるというのは変である。この文を正しく理解するためには，he がメトニミー的に解釈されなければならない。つまり，he は彼の人柄をいう。そのように考えれば，26 は「彼の人柄が詐欺の上にある」という意味になる。また，この文を解釈するためには，次のメタファーが必要である。ほとんどすべての言語に〈よいことは上，悪いことは下〉というメタファーがある。このメタファーによれば，彼の人柄はよく，詐欺は悪い。人柄が詐欺の上にあるということは，詐欺をしないという意味である。

　次の例文も見てみよう。

---

27 | He came across as a generous man.
　　　彼の印象は，寛大な人として（私に）伝わった。

---

27 の he を彼の体として解釈すれば，come across までは意味が通じる。すなわち，「彼は横切ってきた」という意味になる。しかし，この解釈は，as a generous man と結びつかない。これと結びつくためには，he がメトニミー的に解釈されなければならない。つまり，he は彼の人柄や性格を意味する。

8. 前置詞と句動詞

前置詞と句動詞は密接な関係がある。句動詞は動詞と不変化詞から成る。不変化詞は，次のように，前置詞，前置詞的副詞，一般副詞に分けられる。

```
                  ┌─ 前置詞
    不変化詞 ─────┼─ 前置詞的副詞
                  └─ 一般副詞
```

前置詞は大きく2つに分けられる。前置詞の中には，前置詞としてのみ使われるもの，前置詞および副詞として使われるものがある。前置詞としてのみ使われる前置詞には，against, at, of, for, with などがある。これ以外の前置詞は，前置詞としても使われ，副詞としても使われる。前置詞と副詞の違いは，目的語の有無にかかっている。

> 前置詞：先行詞＋前置詞＋目的語
> 前置詞的副詞：先行詞＋前置詞＋ø

前置詞が副詞として使われる場合には，目的語が使われない。使われはしないが，まったくないわけではなく，文脈・状況・常識から推測可能である。
　次を見てみよう。

28　a. We hopped on the bus when it arrived.
　　　　バスが到着したとき，私たちはそのバスに飛び乗った。
　　　b. The bus has arrived. Let's hop on.
　　　　バスが到着した。（そのバスに）乗ろう。

例文28b では，前の部分に bus という言葉があるので，hop on の目的語を言わなくてもバスであることが分かる。
　上で見たように，on は前置詞としても副詞としても使われる。しかし，2つの機能は異なる。これは，snow や rain が名詞としても動詞としても使われるのと同じである。すなわち，形態は1つであるが，その機能が異なる。
　句動詞に使われる一般副詞には，apart, aside, away, back, together などがある。上で見たように，前置詞は句動詞の1つの要素である。したがって，前置詞研究から句動詞を切り離すことはできず，また句動詞研究から前置詞を切り離すこともできない。

9. 統合

ここでは，前置詞と先行詞・目的語がどのように統合されて合成構造を成すのか，次の例を通じて，簡単に見てみよう。

---

29 | a cloud over the mountain
その山の上にある雲

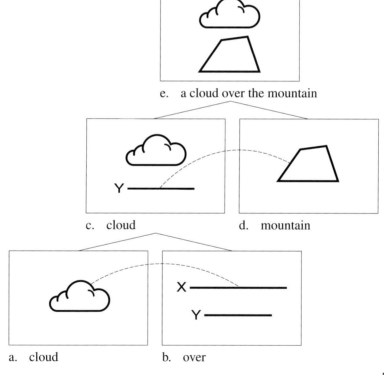

e. a cloud over the mountain

c. cloud d. mountain

a. cloud b. over

図3

図 3b は over の図である。X が Y の上にあり Y より大きい関係である。図 3b の X と図 3a の cloud が対応する。対応線に沿って図 3b を図 3a に重ねると図 3c

になる。図 3c の Y と図 3d の mountain が対応する。対応線に沿って図 3d を図 3c に重ねると図 3e になる。こうして，雲が山の上にある合成構造ができあがる。

　次に，動詞と不変化詞が合成される過程を，次の例文を通じて見てみよう。

> **30** | He went up the mountain.
> 彼は山の上へ登っていった。

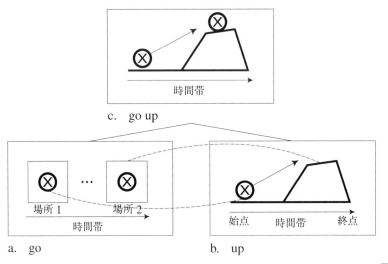

c.　go up

a.　go

b.　up

図 4

図 4a は動詞 go の過程を表す。移動体 X がある位置から別の位置へ移る。しかし，go だけでは，どこへ行くのか分からない。go とともに使われる up が方向を決定する。図 4b は up の図である。図 4a の X と図 4b の X が対応し，図 4a の場所 1 と場所 2 は図 4b の始点と終点に対応する。対応点に沿って図 4b を図 4a に重ねると図 4c ができあがる。

10.　前置詞句とその機能

前置詞の先行詞を X，目的語を Y で表すと，次のような構造となる。

X＋前置詞＋Y

この前置詞構造から前置詞と目的語だけ取り出したものを，**前置詞句**（preposi-tional phrase）という。

前置詞構造：X＋前置詞＋Y
前置詞句：前置詞＋Y

X の性質によって，前置詞句は，副詞的にも形容詞的にも使える。X が動詞であれば前置詞句は副詞的に，X が名詞であれば前置詞句は形容詞的に使われる。次の例を見てみよう。

---

31 | He was born [in 1977] [in Seoul].

---

31 の 2 つの前置詞句は was born を修飾しているので，副詞的用法である。
　一方 32 では，前置詞句が前の名詞を修飾しているので，形容詞的用法である。

---

32 | He sat [on a bench] [in the park] [across the street] [in the city center].

---

in the park は a bench，across the street は the park，in the city center は the street を，それぞれ修飾する。

---

33 | a. a bench [in the park]
　　　　公園にあるベンチ
　　b. the park [across the street]
　　　　道の向かい側にある公園
　　c. the street [in the city center]
　　　　市の中心にある道

次の例のように，動詞を修飾する前置詞句は複数ありうる。

34	He took a stroll	[at 6]	6 時に
	彼は散歩した	[on December 15th]	12 月 15 日に
		[in sneakers]	運動靴を履いて
		[with his dog]	彼の犬と一緒に
		[in the apartment complex]	団地で

これらの前置詞句は，前の動詞を修飾する副詞的用法として使われている。

1 ABOARD

aboard は前置詞および副詞として使われる。まず前置詞の用法から見てみよう。

1. 前置詞的用法

X **aboard** Y において **aboard** は，乗客 X が乗り物 Y に乗っている関係を表す。Y がない場合，**aboard** は副詞である。これを図で表すと，次のようになる。乗り物は，陸上，海上，航空などがありうる。

a. 前置詞

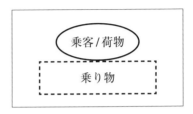

b. 副詞

図1

乗り物にはさまざまな種類がある。以下，これをいくつかに分けて見てみよう。

1.1. 陸上

> **1** | He came here **aboard** a bus.
> 彼はバスに乗ってここに来た。

上記の a bus の代わりに次のような表現が使える。

aboard an express bus	高速バスに乗って
aboard a train	列車に乗って
aboard a KTX	KTX（韓国高速鉄道）に乗って
aboard a greyhound	グレイハウンドバスに乗って

1.2. 海上

> **2** He went to the port city **aboard** a ferry.
> 彼は連絡船に乗って港町へ行った。

上記の a ferry の代わりに次のような表現が使える。

aboard a cruiser	遊覧船に乗って
aboard a yacht	ヨットに乗って
aboard a cargo ship	貨物船に乗って
aboard a fishing boat	漁船に乗って

1.3. 航空

> **3** He went over there **aboard** a plane.
> 彼は飛行機に乗ってそこへ行った。

上記の a plane の代わりに次のような表現が使える。

aboard a Korean Airlines plane	大韓航空に乗って
aboard a Canadian Airlines plane	カナディアン航空に乗って
aboard a helicopter	ヘリコプターに乗って
aboard a British Airways plane	ブリティッシュ・エアウェイズに乗って
aboard Air Force One	エアフォースワンに乗って

2. 副詞的用法

X **aboard** Y における Y について状況や文脈などから聞き手が推測できると話し手が判断すれば，Y は使われない。この場合，**aboard** は副詞である。

4 a. The bus had only three passengers **aboard**.

そのバスは，3 名の乗客だけを乗せていた。（Y はバスである。）

b. The ship sank with hundreds of passengers **aboard**.

その船は，数百名の乗客を乗せたまま沈んだ。（Y は船である。）

c. The plane crashed into the Indian Ocean with 300 passengers **aboard**.

その飛行機は，300 名の乗客を乗せたままインド洋に墜落した。（Y は飛行機である。）

about は前置詞および副詞として使われる。まず前置詞の用法から見てみよう。

1. 前置詞的用法

X **about** Y は複数の X が Y の周囲に散らばっている関係である。

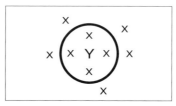

X が Y の周囲にある関係

図 1

1.1. X が複数の場合

次の例では複数の X が Y の周囲にある。

1
a. The papers were scattered **about** the room.
　 部屋の中のあちこちに書類が散らばっていた。
b. The children left their toys lying **about** the room.
　 部屋の中のあちこちに子どもたちがおもちゃを散らかしていた。
c. Don't leave bottles, tins, and papers **about** the park.
　 公園のあちこちに，瓶，缶，紙くずを捨てないでください。

次でも X は複数である。

2
a. Fifty or sixty people gathered **about** the table.
　 50 ないし 60 名の人たちがテーブルの周りに集まった。
b. The streets **about** the castle are full of places of historic interest.

その城の周りの道は歴史的遺跡でいっぱいだ。

c. This plant grows in the meadows **about** Oxford.

この植物はオックスフォードの周りのあちこちにある牧草地で育つ。

1.2. おおよその数や量

about は場所だけでなく数や量の概略的表現にも使われる。次の 3a において，X は彼の到着であり，この到着時間が 9 時半の周囲にあることを **about** が表す。

3
a. He came at **about** 9:30.

彼は 9 時半ごろに来た。

b. They are **about** 3 feet long.

それらは長さが約 3 フィートである。

c. There are **about** 200 pages in the book.

その本は 200 ページくらいある。

d. He is **about** 50 years old.

彼は 50 歳前後である。

about は X が現れるところが Y の周囲に複数あることを意味するが，これは時間にも適用される。**about** 9:30 は，図 2 のように X が現れるところが複数である。

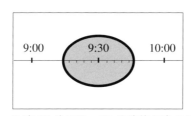

9 時 30 分ごろ：30 分前後が含まれうる

図 2

すなわち，9 時 30 分の前後に複数の点を考えることができる。3a で彼の到着は 9 時 30 分の少し前後の時間領域の中の 1 つの時点にあるという意味である。ここからおおよその意味が出てくるものと見ることができる。

1.3. 複数の中の1つ

私たちはある事物や過程をさまざまな属性に分けることができる。例えば，リンゴの場合，形，色，味，大きさなどがある。次に使われた **about** を理解するためには，属性というものを考えなければならない。

---

4 a. What's the best thing **about** the car?
その車については，何が最もいいですか。

b. What's your opinion **about** his work?
彼の作品に対するあなたの意見はどうですか。

c. Is there something suspicious **about** him?
彼について怪しい点がありますか。

d. His father wants to know all **about** his girlfriend.
彼の父親は彼のガールフレンドについて何でも知りたがっている。

自動車について，大きさ，色，形，最高速度など，さまざまな角度から見ることができる。最上級は複数の属性を前提とする。4aはこの中でどれが最もよいかという意味である。このとき，Yは自動車であり，Xは自動車の複数の属性である。ある文学作品についても，構成，作中人物，展開方法などに，分けてみることができる。4bは，このような属性に対する相手の意見を尋ねるものである。これを図で表すと，図3のようになる。

a. 自動車の属性

b. 文学作品に含まれうるもの

図3

ある人についても同様に考えられる。

> **5** a. Something **about** him seems strange.
>
> 　　彼に関するある点は変に見える。
>
> 　　b. There is a sense of humor **about** him.
>
> 　　彼にはユーモア感覚がある。
>
> 　　c. There is something **about** him that I like.
>
> 　　彼には私の好きな何かがある。

ある人について，私たちは，歩き方，話し声，顔の形，身振り，性格，人格など
に分けて見ることができる。5a はこのような属性のうちの 1 つが変だという意
味である。5b のユーモア感覚も，彼が持つ属性のうちの 1 つである。5c でも，
彼にある属性のうちの 1 つが好きだという意味である。

　次の 6a で，彼はナイフを自分のどこかに持っている。

> **6** a. He hid a knife **about** his body.
>
> 　　彼は体のどこかに 1 本のナイフを隠した。
>
> 　　b. He has some money **about** him.
>
> 　　彼は体のどこかにお金を少し持っている。

1.4.　所用

次において，Y は所用であり，X は所用の周囲にある。つまり，与えられた所
用をするという意味である。

> **7** a. He is **about** an important piece of work.
>
> 　　彼は重要な仕事の周りにいる（すなわち，その仕事をしている）。
>
> 　　b. I must be **about** my father's business.
>
> 　　私は父親の事業を手伝わなくてはいけない。
>
> 　　c. Do the shopping now, and while you are **about** it, buy yourself
> 　　 a pair of shoes.
>
> 　　いま買い物をしなさい。そして，そのとき，自分の靴を買いなさい。

d. Clean up the bathroom. While you are **about** it, do the mirror, too.

トイレを掃除しなさい。そのとき，鏡も磨きなさい。

1.5. 感情形容詞

次では，感情形容詞が前置詞 **about** と一緒に使われている。8a は，彼がトムに対して立腹したことを表す。

8　a. He was angry **about** Tom.

彼はトムに対して腹が立った。

b. Are you pleased **about** your job?

あなたは自分の仕事に関して満足しているの？

c. I feel guilty **about** leaving the kids behind.

私は子どもたちを後に残しておくことに罪悪感を覚える。

1.6. めぐり歩き

前置詞 **about** が移動動詞と一緒に使われると，X が Y の中のあちこちを動き回る関係を表す。

空間のあちこちを動き回る

図4

48

9　a.　He goes **about** the country lecturing on the evils of drink.

　　　彼は飲酒の悪徳に関して講演しながら国じゅうを回っている。

　　b.　The nature of his business enables him to get **about** the world a great deal.

　　　彼の職業の性格のおかげで，彼は世界中をたくさんめぐることができている。

　　c.　He walks **about** the garden every day.

　　　彼は毎日，庭園のあちこちを散歩している。

　　d.　Children like to run **about** the park.

　　　子どもたちは公園のあちこちを走り回るのが好きだ。

1.7.　過程

1.7.1.　予定

過程には予定，進行，阻止があるが，これらは次のように，前置詞で表される。次の 3 つの文を比較してみよう。

10　a.　He is **to** move.

　　　彼は動く予定である。

　　b.　He is **on** the move.

　　　彼は動いている。

　　c.　She kept him **from** moving.

　　　彼女は彼を動けないようにした。

10a で he は行為者であり，move は過程である。前置詞 to は行為者が過程から離れて過程を眺める関係である。ここから予定の意味が出てくる。10b で行為者 he は過程 the move に達していることを表す。これは，過程が起きている状態を表す。移動を表すには，on the move, on the run, on the fly, on the rush のような表現が使われる。10c で前置詞 from は，動作主 him が過程の moving から離れていることを表す。動作主と過程が離れていることは，過程が起きないという意味になる。

再び 10a に戻ると，to は動作主が過程から離れてこれを眺める関係を表す。だが，どれくらい離れているか分からない。次において，**about** は動作主が過程の近くにいることを表す。

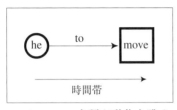

a. to move: 主語が動作を眺める関係

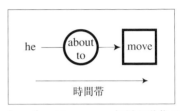

b. about to move: 主語が動作の近くにある関係

図 5

つまり，**about** が使われると，he が move の近くにいることを表す。次の例を見てみよう。

11　a.　The train is **about** to leave.

　　　　列車がちょうど出発しようとしている。

　　b.　I was **about** to go out.

　　　　私はちょうど出かけようとしていた。

　　c.　The concert is **about** to begin.

　　　　コンサートがまさに始まろうとしている。

11a は列車が出発間近の 1 つの点にあるという意味である。11b は私が外出する瞬間の近くの 1 つの点にいて，11c はコンサートが始まる瞬間と近い 1 つの点にあるという意味である。

　過程には始まりと終わりがあり，その間には変化や進行がある。変化や進行は進行行為として表現され，過程の終わりは過去分詞で表現される。

1.7.2.　過程の終わり

次の文を見てみよう。次において，**about** は動詞の過去分詞と一緒に使われて，過程が最後の近くにあることを表す。

12
- a. The dinner is cooked.
  夕食ができた。
- b. The dinner is **about** cooked.
  夕食がほとんどできた。
- c. The building is **about** built.
  その建物はほとんど完成した。
- d. The work is **about** finished.
  その仕事はほとんど終わった。

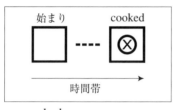
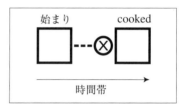

a. cooked   b. about cooked

図 6

cook の過去分詞 cooked が使われた 12a は，料理の過程が最終段階に至ったことを表す。12b は **about** があるので，最終段階の近くのどこかにあるという意味である。

1.7.3. 進行

次において，**about** は過程の進行を表す進行形で使われる。

13
- a. The water is boiling.
  お湯が沸いている。
- b. The water is **about** boiling.
  お湯がほとんど沸こうとしている。

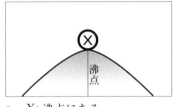 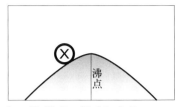

a.　X: 沸点にある　　　　　　b.　X: 沸点の近くにある

図 7

図 7a はお湯が実際に沸くことを表し，図 7b はお湯が沸く状態の近くにあることを表す。

2.　副詞的用法

X **about** Y の Y が使われていない場合，**about** は副詞である。Y が使われない理由は，これが使われなくても何なのか推測が可能だからである。

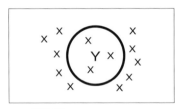 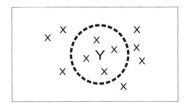

a.　前置詞　　　　　　　　　b.　副詞

図 8

2.1.　話し手の周囲

次において，暗示された Y は，話し手や文の主語が現在いる地域（位置）である。

14	a.	There is no one **about**.
		（私の）周りには誰もいない。
	b.	The cholera is **about**.
		コレラが私たちの周りに蔓延している。

　　c.　He has left his papers **about**.

　　　　彼はあちこちに書類を散らかしている。

　　d.　Drivers slow down when they see children **about**.

　　　　運転手たちは子どもが周りにいるのを見ると速度を落とす。

次において，暗示された Y は，15a ではズボンであり，15b では妻である。

15　a.　He fell down and tore his trousers **about**.

　　　　彼は転んでズボンのあちこちが破れた。

　　b.　He got drunk and hit his wife **about**.

　　　　彼は酒に酔って妻をあちこち殴った。

2.2.　行動動詞

about が行動を表す動詞と一緒に使われると，明白な目的や目標がない行動を表す。

16　a.　He is always fooling **about**.

　　　　彼はいつもぶらぶらして過ごしている。

　　b.　We have to hang **about** for a while.

　　　　私たちはしばらく，あてもなくぶらつくしかない。

　　c.　She just loafed **about** for two years.

　　　　彼女は 2 年間ぶらぶらして過ごした。

3.　他の前置詞との比較

意味的に **about** と似た前置詞に **around** と **of** がある。ここでは，その違いを見てみる。

3.1. about と around

X **about** Y において，X は Y の上や周囲の複数の位置に現れうる。一方，X **around** Y において，X は Y の上や周囲に曲線として現れる。

---

17 a. He looked **about** the hall.
　　　 彼はホールのあちこちを見た。
　　 b. He looked **around** the hall.
　　　 彼はホールのあちこちを見**回した**。

17a の **about** Y は彼の視線が止まった複数の位置であり，17b の **around** Y は彼の視線が移動した曲線である。したがって，同じ事実でも，どの部分をどのように強調するかによって表現の違いが生じる。次の文の違いも同様である。

---

18 a. We drove **about** the city.
　　　 私たちは自動車でその市のあちこちに行った。
　　 b. We drove **around** the city.
　　　 私たちは自動車でその市の周りを（またはあちこちを）**めぐった**。

3.2. about と of

動詞 dream, hear, think, know, speak, tell, remind などは，前置詞 **about** や **of** と一緒に使える。ただし，**about** Y が使われると Y に関連するさまざまなことを表し，**of** Y が使われると Y の存在を表す。

---

19 I know **of** him, but I do not know **about** him.
　　 私は彼の存在は知っているが，彼について詳しくは知らない。

動詞 speak も同様に使われる。

---

20 a. He speaks **of** leaving school.
　　　 彼は学校をやめようかと言っている。

> b. He speaks **about** his travel.
> 彼は自分の旅行に関するさまざまな話をする。

コミュニケーションや思考を表す動詞も，前置詞 **about** や **of** と一緒に使える。しかし，その意味には違いがある。

---

21 a. How did you learn **about** our product?
私たちの製品について（詳しいことを）どのように知りましたか。
b. How did you learn **of** our product?
私たちの製品（があること）をどのように知りましたか。

21a はその製品についてあれこれ詳しく知っているということであり，21b はその製品が存在することのみ知っているということである。次では，動詞 think が **of** や **about** と一緒にそれぞれ使われている。前置詞 **of** の場合は問題の存在のみを考えるので，carefully や methodically のような副詞と一緒には使えない。

---

22 a. *Bill thought **of** the problem carefully and methodically.
ビルはその問題を注意深く理路整然と考えた。
b. Bill thought **about** the problem carefully and methodically.
ビルはその問題について注意深く理路整然と考えた。

注：＊はその文が成り立たないことを表す。

また，ある動詞が表す過程が時間のかかることであれば，**about** や **over** とは一緒に使われるが，**of** とは一緒に使われない。

---

23 a. He brooded **about** (over, *of) the plan.
彼はその計画について熟考した。
b. He pondered **about** (over, *of) the exam.
彼はその試験について熟考した。

注：＊は後に来る表現がその文に使えないことを表す。

above は前置詞および副詞として使われる。まず前置詞の用法から見てみよう。

1.　前置詞的用法

X **above** Y において **above** は，X がある垂直線を基準として Y より上にあることを表す。この基準線は典型的には空間の中の垂直線であるが，さまざまなバリエーションがありうる。図 1 で垂直線が基準線であれば，この線を基準として X が Y の真上ではなく少しはずれていても **above** が使える。また，X と Y の間の距離も表示されうる。

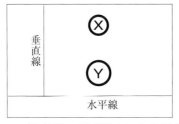
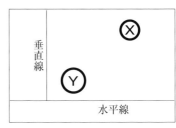

a.　X が Y の垂直線上にある場合　　b.　X が Y の斜め上にある場合

図 1

1.1.　垂直線上

次の例は，X が垂直線上で Y より上にある場合である。

---

1 | a. | The airplane was flying a few feet **above** the sea.
その飛行機は海上の何フィートか上空を飛んでいた。
| b. | The kingdom was 1,000 feet **above** the sea.
その王国は海から 1,000 フィート上にあった。
| c. | Some nice people are **above** us.
何人かの親切な人たちが私たちの上に住んでいる。
| d. | Hang the sign **above** the door.

> その看板をドアの上にかけてください。

1a では，飛行機は海の真上にある。2b では，王国は海の真上にはないが，垂直線上で海より上にある。2c では，私たちが住んでいるところがマンションだとすると，上の階に住んでいる人は私たちより上にいる。

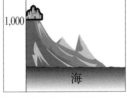
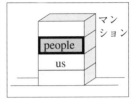

a. 海の上の飛行機　　b. 海の上の王国　　c. マンションの上の階に住む人たち

図2

1.2. 水平線上

above は，ほとんど水平線上にある2つの個体の位置を表すのにも使われる。水は高いところから低いところへ流れるので，流れの始まるところが上で，その反対側が下とみなされる。また，北が上，南が下とみなされる。

> **2** a. Asakusa is **above** Kuramae on the Sumida River.
>
> 浅草は隅田川で蔵前の上（上流）にある。
>
> b. There is a waterfall **above** the bridge.
>
> その橋の上（上流）のほうに滝がある。
>
> c. San Francisco is **above** Los Angeles.
>
> サンフランシスコはロサンゼルスの上にある。

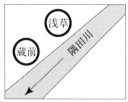
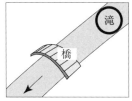

a. 蔵前の上流にある　　b. 橋の上流にある滝　　c. ロサンゼルスの上に
　　浅草　　　　　　　　　　　　　　　　　　　　　　あるサンフランシスコ

図 3

1.3. 数値

X **above** Y は，X が Y より数量的に大きいことも表す。

---

3 a. It cost **above** 5 dollars.
　　　費用が 5 ドルより多くかかった。
　　b. The fish weighed **above** 3 pounds.
　　　その魚は 3 パウンドより重かった。
　　c. Those whose marks are **above** 9 will pass the examination.
　　　点数が 9 点より上の人たちは，その試験に合格するだろう。

3a では費用（X）が 5 ドル（Y）より多く，3b では魚の重さ（X）が 3 パウン
ド（Y）より上だったことを，**above** が表す。3c では点数（X）が 9 点（Y）よ
り上であることを **above** が表す（図 4）。

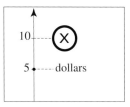
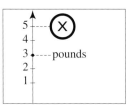
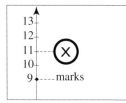

a. 5 ドルより上　　　b. 3 パウンドより上　　c. 9 点より上

図 4

1.4. 階級

垂直線上での「上」と「下」は階級の高さにも拡大されて使われる。すなわち，高いものは上，低いものは下として概念化される。

---

4   a.   A lieutenant-colonel is **above** a major.
       中佐は少佐より上である。

      b.   The captain of a ship is **above** the seamen.
       船長は船員より上である。

      c.   John is **above** Tom in the army.
       ジョンはトムより軍隊で上である。

1.5. 人格・道徳

X **above** Y において，X が Y より高い位置にある関係は，X が人格的または道徳的に Y の上にあることを表す。次は〈よいことは上，悪いことは下〉というメタファーが適用された例である。次において he は，彼の体を指すのではなく，メトニミー的に彼の性格や人柄を指す。

---

5   a.   He is **above** bribery.
       彼は賄賂を受け取らない。

      b.   He is **above** deceit.
       彼はだまさない。

      c.   He is **above** meanness.
       彼は意地悪なことをしない。

ある人が賄賂，だますこと，意地悪の上にいるということは，このような行為をしないという意味である。

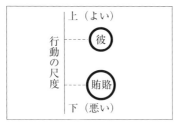
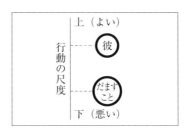

a.　よいことは上　　　　　　　　b.　よいことは上

図 5

Y は次のように動名詞として現れることもある（図 5b 参照）。

> **6** a. You must be **above** cheating in examinations.
>
> 　　　みなさんは，試験を受けるとき，不正行為をしてはいけません。
>
> 　 b. He is **above** stealing.
>
> 　　　彼は盗みの上にいる（すなわち，彼は盗まない）。
>
> 　 c. You should be **above** gossiping about your neighbors.
>
> 　　　みなさんは隣人の悪口を言ってはいけません。

1.6.　価値評価

次の例で **above** は，X（彼の正直，彼の本，彼女の行動）が Y（疑念，批判，非難）の上にあること，つまり X が Y を免れていることを表す。

> **7** a. His honesty is **above** suspicion.
>
> 　　　彼の正直は疑念の範囲を超えている。
>
> 　 b. His work is **above** criticism.
>
> 　　　彼の本は批判の範囲の上にある。
>
> 　 c. Her behavior is **above** reprimand.
>
> 　　　彼女の行動は非難を受ける水準の上にある。

above は，7a では彼の正直が疑念の範囲より上にあり，7b では彼の本が批判の範囲より上にあり，7c では彼女の行動が非難の範囲より上にあることを表す。

1.7. 能力

次の文は，本や講義の水準が私の能力の上にあり，理解できないという意味である。これらの文で，Yである me や us は，メトニミー的に人の能力を意味する。

---

8 a. The book is **above** me.

その本は私の能力の上にある（すなわち，理解できない）。

b. His lecture is **above** us.

彼の講義は私の能力の上にある（すなわち，理解できない）。

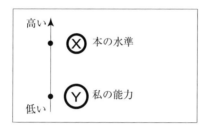

図 6

2. 副詞的用法

次において，X **above** Y の Y が使われていないため，**above** は副詞である。図 7a は前置詞であり X と Y が明示されているが，図 7b は副詞であり Y が明示されていない。

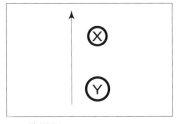

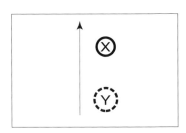

a. 前置詞　　　　　　　　　　　b. 副詞

図7

2.1. 状況

次において，暗示された Y は話し手の位置である。

---

9 a. A student lives **above**, and he is very noisy.

1人の学生が（私たちの）上に住んでいるが，彼はとてもうるさい。

b. The sky **above** was blue.

（私たちの）上の空は青かった。

2.2. 文脈

次の例で暗示された Y は文脈から推測される。暗示された Y は，10a では水面，10b では7歳である。

---

10 a. Half of the rock was under the water, and half was **above**.

その岩の半分は水面の下にあり，半分は（水面の）上にあった。

b. Children aged 7 and **above** are not allowed in this program.

7歳以上の子どもたちは，この課程を許可されない。

3．他の前置詞との比較

次において，**above** と **over** を比較してみよう。

> **11** a. A colonel is **above** a major.
> 　　　大佐は少佐の上にいる。
> 　　b. A colonel is **over** a major.
> 　　　大佐は少佐の上の支配的位置にいる。

11 の 2 つの表現はどちらも，大佐が少佐より上であることを表す。しかし，**above** は大佐と少佐の地位のみを表し，**over** は大佐が少佐に影響を行使できることも表す。

4 ACROSS

across は前置詞および副詞として使われる。まず前置詞の用法から見てみよう。

1. 前置詞的用法

1.1. 静的関係

次の X **across** Y において，X は Y を横切る静的関係にある。

> **1** a. There was a rope **across** the street.
>   道を横切ってロープが置かれていた。
>   b. There was a bridge **across** the river.
>   川を横切る橋があった。
>   c. There was a road **across** the mountain.
>   山を横切る道があった。
>   d. There was a big sofa **across** the room.
>   部屋を横切る大きなソファーがあった。

1.2. 動的関係

次の X **across** Y において，X は Y を横切る動的関係にある。

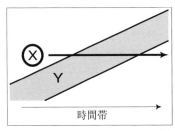
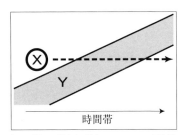

a. X が Y を横切っていく関係　　b. X が Y を横切っている関係

図1

2 a. He walked **across** the street.

       彼は道を横切って歩いていった。

    b. He swam **across** the river.

       彼は川を横切って泳いでいった。

    c. He ran **across** the field.

       彼は畑を横切って走っていった。

    d. He got **across** the ocean.

       彼は大洋を横切って渡った。

    e. He drew a straight line **across** the page.

       彼はそのページを横切る直線を引いた。

次の文では，他動詞が使われ，目的語が Y を横切る。

3 a. The girl helped the children **across** the street.

       その少女は子どもたちが道を渡るように手伝った。

    b. I'll help you to push your cart **across** the street.

       あなたがカートを押して道を渡るのを，私がお手伝いします。

1.2.1. 非接触

X が Y を横切るとき，X が Y に接触しない場合がある。

4 a. We flew **across** the Atlantic.

       私たちは大西洋を横切って飛行した。

    b. You can fly to Korea **across** the North Pole.

       北極を横切って韓国へ飛んでいくことができる。

1.2.2. 出会い

2 つの線が交差すれば出会う。また，2 人の視線が交差したり，視線がある個体に接したりすることもある。

> **5** a. I came **across** Mr. Smith in the street.
>
>   私は道でスミスさんに偶然出会った。
>
> b. I ran **across** an old photograph of yours.
>
>   私はあなたの昔の写真を偶然見た。

5a のように，スミスさんと私が互いに別の道を進んで出会うことがある。このような 2 つの線の交差は出会いの意味として解釈される。また 5b のように，視線が動いてある個体に接することがある。このような接触は見るという意味として解釈される。また，この場合，「偶然」という意味も生じる。

1.2.3. 広がり

across のプロトタイプ的な関係においては，X と Y がどちらも線的であった。しかし，次に使われた **across** の X と Y は線的ではなく面的である。この場合，**across** は X が Y の一方から他方へ広がっていることを表す。

> **6** a. The TV series is getting popular **across** the country.
>
>   その連続テレビドラマは全国的に人気を博している。
>
> b. Colds are spreading **across** Europe.
>
>   風邪がヨーロッパ全域に広まっている。

6a では連続テレビドラマの人気（X）が全国（Y）に広まっていること，6b では風邪（X）がヨーロッパ全域（Y）に広まっていることを表す。

1.3. 主観的移動

1.3.1. 話し手の位置

X が Y の一方から他方へ動けば，X は初めとは反対側にあることになる。このような結果も，**across** が表す。このとき，重要なのは観察者の位置である。特別な明示がなければ，話し手の位置が基準点となる。話し手の位置から見ると，家は道の向かい側（**across**）にある。図 2 は道や海峡を横切って向かい側に家やフランスがあることを表す。

---

7 a. The house is **across** the street.

その家は道の向かい側にある。

b. France lies **across** the channel.

フランスは海峡の向かい側にある。

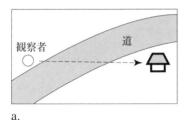
a.

b.

図 2

1.3.2. across の基準点：from

次では，**across** の基準が前置詞 from で表示されている。

---

8 a. His grandmother lived **across** the street from his house.

彼の祖母は，彼の家から見て道の向かい側に住んでいた。

b. Betty sat **across** the aisle from her boyfriend.

ベティは彼女のボーイフレンドから見て通路の向かい側に座った。

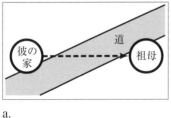
a.

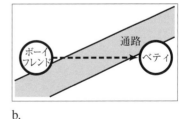
b.

図 3

1.3.3. 音・光

音や光なども動くものとして概念化され，**across** と一緒に使える。

---

9 a. He shouted **across** the hall to Mary.
彼は講堂を横切ってメアリーに向かって叫んだ。
b. She looked **across** the field at the players.
彼女は運動場を横切ってその選手を見た。

9a では声が講堂を横切ってメアリーに行き着くものとして概念化され，9b では視線が運動場を横切って反対側の選手に達するものとして概念化されている。

2. 副詞的用法

X **across** Y の Y を明示しなくても文脈・状況・常識などから聞き手や読み手が分かると話し手や書き手が判断して Y を使わない場合，**across** は副詞である。図 4a は前置詞の場合であり，X と Y がどちらも表示されている。図 4b は副詞の場合であり，X だけが実線で表示され，Y は点線で描かれている。

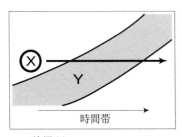
a. 前置詞

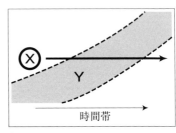
b. 副詞

図 4

2.1. 文脈

次において，**across** の目的語は文脈から分かる。

10 a. I saw an old lady in the street and as she was frightened, I helped her **across** (the street).

私は道で高齢の女性を見かけたのだが，彼女が怯えていたので，私は彼女が（その道を）渡れるように手伝った。

b. We came to the river with no bridge **across** (the river).

私たちは（その川を）横切る橋のない川に着いた。

c. The middle of the bed has broken, and I am going to put some pieces of wood **across** (the bed).

ベッドの真ん中あたりが壊れたので，私はいくつかの木片を（そのベッドに）横切って置くつもりだ。

2.2. 状況

次の X **across** Y の暗示された Y は話し手のいるところである。

11 a. The dog ran **across**.

犬が（どこかを横切って）走っていった。

b. They shouted **across**.

彼らは（どこかを横切って）叫んだ。

例文 11 では，**across** は副詞として使われており，目的語がない。しかし，話し手が考えるには，聞き手は目的語を推測できる。

2.3. 常識

12a において Y はある地点の川の幅であり，12b において Y は箱の一方から他方までの幅である。

12 a. The river here is 50m **across**.

この地点の川の幅は 50m である。

b. The box is 60cm **across**.

その箱の幅は 60cm である。

3. 慣用的表現

come **across**, run **across**, put **across** などは「慣用的」な表現だと考えられてきた。しかし，このような表現に使われた **across** には，これまでに見てきた意味がそのままあるように思われる。次の例文を見てみよう。

13
a. I came **across** Mr. Smith in the street.

私は道でスミスさんに偶然出会った。
b. I ran **across** an old photograph of yours.

私はあなたの昔の写真を偶然見た。

13a において，スミスさんと私が別の道を進んで出会うことは，2 つの線が交差するものと解釈される。13b において，見るという行為は，視線が動いてある個体に接するものと解釈される。またこの場合，「偶然」という意味が生じる。

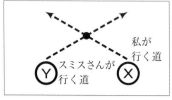
a. 2 人の行く道が交差する関係

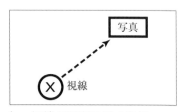
b. 視線が写真に届く関係

図 5

論争，談話，講義などには話し手と聞き手という 2 つの地点が存在する。話し手の言葉や主張を相手に伝えることは，ある場所から別の場所に何かを移すことに喩えうる。実際，英語では〈アイディアはボールである〉というメタファーがよく使われる。このような比喩が次の文に使われている。

14 | a. I tried to put **across** my point of view.

私は自分の見解を伝えようとした。

b. It was difficult to get **across** the basic idea.

基本的なアイディアを伝えるのが難しかった。

c. He put the ideas **across**.

彼はそのアイディアを相手に伝えた。

d. I managed to get my arguments **across**.

私は自分の論拠をやっと相手に伝えた。

図6

14c・14d では **across** が副詞的に使われているが，この場合の Y はアイディアを受け取る人である。**across** は，X が伝え手から受け手に伝わることを表す。

ある人の印象もある人から他の人に伝わるものとして概念化される。次の 15a において，she はメトニミー的に彼女の印象を指す。実際に彼女がどこかへ移動するのではない。

15 | a. She wasn't coming **across** as the simpleton I had expected her to be.

彼女は私が予想していたような馬鹿には見えなかった。

b. That was the impression that was coming **across**.

それが伝わる印象であった。

after は前置詞および副詞として使われる。まず前置詞の用法から見てみよう。

1. 前置詞的用法

X after Y において，X と Y はどちらも実際に動く個体か動くものと考えられる個体であり，after は X が Y の後をついていく関係を表す。これを図で表すと，次のようになる。

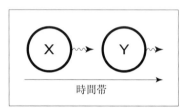

前置詞 after

図1

1.1. X が Y に後続

次の文において，X は Y に続く。例文1において，Y（バス，猫，メアリー）も動き，X（タクシー，犬，ジョージ）も動くが，Y が前を行き，X が後に続く。

---

1 a. A taxi passed **after** a bus.
    タクシーがバスの後に通り過ぎた。
  b. The dog was running **after** the cat.
    犬が猫を追いかけていた。
  c. George went **after** Mary.
    ジョージがメアリーの後に行った。

赤ちゃんやバスなどの単語も **after** と一緒に使われると，動くものとみなされる。

> **2** | a. Mom looks **after** the baby.
> ママは（あちこち動く）赤ちゃんを見守っている。
> b. Mary gazed **after** the bus.
> メアリーは（遠ざかる）バスを凝視した。
> c. John called **after** Tom.
> ジョンは（走っている）トムを呼んだ。
> d. The shopkeeper shouted **after** a thief.
> 店主が（逃げる）泥棒に向かって叫んだ。

1.2. 主観的移動

いままで見た X **after** Y の例はすべて，X と Y が動く例である。ところが，Y が実際に動きはしないが，**after** と一緒に使われる例がある。次を見てみよう。

> **3** | a. John lives in the second house **after** the church.
> ジョンは教会を過ぎて 2 軒めの家に住んでいる。
> b. **After** a mile, you come to a small bridge.
> 1 マイル過ぎれば，みなさんは小さな橋にたどり着く。
> c. B comes **after** A in the alphabet.
> 英語のアルファベットで，B は A の次に来る。
> d. Ali's name was called **after** three others.
> アリの名前は，他の 3 人の名前の後に呼ばれた。

3a の場合は，図 2a のように表すことができる。教会や家は動かない。しかし，話し手の視線が左から右へ移動すると考えれば，なぜ **after** が使われるのか理解できる。

 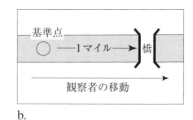

a.   b.

図2

1.3.　時間 1

時間も流れるものとして概念化される。ある日が過ぎた後，別の日が続く。

---

4 a. The day **after** tomorrow is a holiday.
　あさっては祝日だ。
b. We will see you again **after** the holidays.
　休暇が終わってからまたお目にかかります。

日付は，次のように左から右へと進む。私たちの視線や心が左から右へ移動すれば，今日から明日を経て，その次にあさってに至る。

図3

次のように，行動，出来事，過程などを表す名詞も，**after** と一緒に使える。

---

5 a. We had a heated discussion **after** dinner.
　私たちは夕食の後に激論を交わした。
b. His class starts **after** lunch.
　彼の講義は昼食の後に始まる。

74

> c. The speaker was asked many questions **after** his lecture.
>
> その講演者は，講演後に多くの質問を受けた。
>
> d. **After** the concert, they went home.
>
> コンサートが終わった後，彼らは家に帰った。

5a は，夕食が先にあって，その後に激論が続いたという意味である（図 4a）。
5b は，昼食が先にあって，その後に講義があるという意味である（図 4b）。

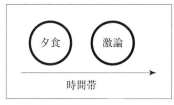

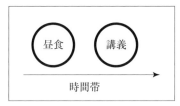

a. 夕食後に討論　　　　　b. 昼食後に講義

図 4

1.4. 時間 2

次の X **after** Y において，X は Y の後に経過した時間である。

> **6** a. It is 10 minutes **after** 12.
>
> 時間は 12 時 10 分である。
>
> b. We met again 10 years **after** our graduation.
>
> 私たちは卒業の 10 年後に再会した。
>
> c. The bridge broke down only one year **after** its completion.
>
> その橋は竣工してから 1 年後に崩れ落ちた。

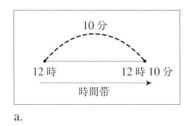

a.

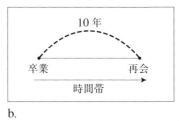

b.

図 5

1.5. 反復

前置詞 **after** は,「名詞 **after** 名詞」の形で使われ,その名詞の指す対象が繰り返されることを表す。この形に使われる名詞はすべて,時間,または時間の中に存在する過程などを表すものである。

7		
	hour **after** hour	毎時間
	day **after** day	毎日
	week **after** week	毎週
	year **after** year	毎年
	time **after** time	毎回
	meeting **after** meeting	集会ごとに

1.6. 拡大した意味

Y が先立ち X がその後に続くという意味関係は,X と Y の性質によって,次のようにさまざまな意味に拡大される。

1.6.1. 順行

次の X **after** Y においては,Y が先に起きてその後に X が起きるが,常識的に考えて X は Y から来る当然の結果でありうる。

8	a.	**After** careful consideration, I have decided to go by train. 慎重に考えた後,私は列車で行くことに決めた。

b. You must succeed **after** such efforts.

こんなにたくさん努力したんだから，あなたはきっと成功するだろう。

c. **After** what you have said, I shall be careful.

あなたがそう言ったから，私は注意するだろう。

d. **After** her rudeness to him, he never called her again.

彼女が彼に無礼なことをした後，彼は彼女に二度と電話をしなかった。

8a・8b に使われた X と Y は図 6a・図 6b のように表すことができる。

a. 原因と結果

b. 原因と結果

図 6

熟考した後に決定したので，熟考が決定の基礎となる。努力した後に成功するのが普通なので，努力が成功の基礎や原因である。アドバイスを聞いて注意するのが普通なので，アドバイスも注意の基礎や原因と解釈される。

1.6.2. 逆行

Y が先に起きて X がその後に続くが，常識的に考えると X は Y から予想できない結果の場合もある。このとき，**after** は対照の意味を持つ。

9 a. **After** all my trouble, you have learned nothing.

私のあらゆる苦労にもかかわらず，あなたは何も学ばなかった。

b. He has failed **after** his labor.

彼は努力したにもかかわらず失敗した。

c. **After** all the criticism of the house, he bought it.

その家に対してあらゆる批判をしておきながら，彼はその家を買った。

9a の場合，誰かが苦労して教えれば習う人は何かを学ぶのが普通であるが，私が苦労したにもかかわらず相手が何も学ばなかったことから，対照の意味が感知される。9b の場合，努力すれば成功するのが普通であるが，努力の後に成功が伴わなかったため，ここでも対照の意味が生じる。9c では，彼がある家を批判しておきながらそれを買ったということなので，批判と買うことの間には対照の意味がある。

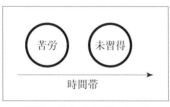

a.　苦労の後に未習得：逆行　　b.　努力の後に失敗：逆行

図7

1.7.　踏襲

X **after** Y において，X は Y にならって名づけたり，似たり，模倣したりする。

10　a.　They named the boy **after** his father.
　　　　彼らは，父親の名前にあやかって，その少年の名前をつけた。
　　b.　He is going to take **after** his father.
　　　　彼は父親に似るだろう。
　　c.　This painting is **after** Rembrandt.
　　　　この絵はレンブラントを手本としている。

1.8.　重要性

X **after** Y において Y が X より先立つことから，重要性の面で Y が X より先立つことも表すようになる。

11　a.　**After** water, food is the most important need for human life.
　　　水の次に，食べ物が，人間の生存にとって最も重要である。
　　b.　**After** Hardy, Dickens is her favorite author.
　　　ハーディーの次に，ディケンズが，彼女の好きな作家である。
　　c.　Lieutenants rank **after** captains.
　　　少尉は大尉の下にいる。

図 8

1.9.　追求

Y が先立ち X がその後を追いかける関係は，X が Y を探し回る関係にも拡大される。

12　a.　The miners sought **after** gold.
　　　鉱夫たちは金を探し回った。
　　b.　The police are **after** the criminal.
　　　警察が犯人を追っている。
　　c.　The researchers are **after** a cure for cancer.
　　　研究者たちはガンの治療法を見つけようとしている。
　　d.　The journalists are **after** news.
　　　新聞記者たちはニュースを求めている。

2. 副詞的用法

X **after** Y の Y が使われない場合，**after** は副詞である。図9において，Y は点線で表示されている。

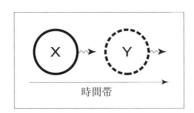

図9

次の 13 で **after** の後に Y は使われていないが，談話や文章の先立つ部分で言及されたある時点など，話し手と聞き手が知っているある時点である。

13	a. One hour **after**, she was still sitting.
	その後1時間，彼女はずっと座っていた。
	b. Long **after**, I heard a true story about it.
	ずっと後になって，私はそのことに関する本当の話を聞いた。

3. 他の前置詞との比較

3.1. after と behind

X **after** Y は X が Y の後に続くことを表し，X **behind** Y は X が Y の後ろにあることを表す。

14	a. The picture fell **after** the bookcase.
	本棚が倒れた後に絵が落ちた。
	b. The picture fell **behind** the bookcase.

本棚の後ろに絵が落ちた。

X **after** Y には動きの意味があるので，14a は，本棚が先に倒れて，その後に絵が落ちたという時間的前後関係を表す。一方，X **behind** Y には動きの意味がないので，14b は，本棚の後ろに絵が落ちたという空間的関係のみを表す。

15	a.	Close the door **after** you.

あなたが（出入りした）後にドアを閉めなさい。

b. Close the door **behind** you.

あなたの後ろにあるドアを閉めなさい。

after の後の you は，ある行動と関連する。すなわち，あなたが出入りした後に，ドアを閉めろという意味である。**behind** の後の you には，このような動的意味はなく，空間的関係のみを表す。

3.2. after と for

16	a.	She hungers **after** luxury.

彼女はぜいたくを求め歩いている。

b. She hungers **for** food.

彼女は食べ物を求めている。

X **after** Y の Y は動きの意味を含んでおり，16a は X（she）が Y（luxury）を求め歩くことを表す。**for** にはそのような動きの意味がなく，単純に求めるという意味だけがある。次も同じように解釈される。

17	a.	He pined **after** her for a long time.

彼は長い間，彼女の後に従い，慕った。

b. He pined **for** her affection.

彼は彼女の愛情を得ようと気をもんだ。

against は前置詞としてのみ使われる。

1. 前置詞的用法

X **against** Y は X が Y の力に対抗する関係を表す。

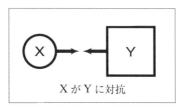

X が Y に対抗

前置詞 against

図 1

1.1. 逆行

次において，X は Y に逆らって上る。

> **1** | a. No ship could sail **against** the wind that moved her.
> どの船もそれを動かす風に逆らって航海することができなかった。
> b. He was swimming **against** the tide.
> 彼は潮流に逆らって泳いでいた。
> c. They were rowing **against** the current.
> 彼らは海流に逆らって船をこいでいた。
> d. The salmon swam **against** the current.
> サケは流れをさかのぼっていった。

1.2. 作用・反作用

次において，X は Y にぶつかる。ここで Y は動く個体ではないので，Y が X に

対抗する力は上で見た場合に比べて明らかではない。しかし，この場合にも，Y が X に力を及ぼすと考えられる。

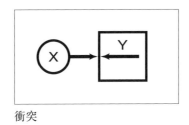

衝突

図 2

2	a.	Waves dashed **against** the shore.
		波が海岸にぶつかった。
	b.	Rain beat **against** the window.
		雨が窓を叩いた。
	c.	I hit my head **against** the wall.
		私は壁に頭をぶつけた。

2a は，波（X）が動いて海岸（Y）にぶつかる様子である。しかし，海岸はそのままである。これは，海岸が押す力を加えるからである。次の例でも，X は Y に力を加えるが，Y はそのままである。

3	a.	We pushed **against** the door, but it did not open.
		私たちはドアを押したが，ドアは開かなかった。
	b.	Rub your knife **against** that smooth rock and it will get sharp.
		あのなめらかな石であなたの包丁をとぎなさい。そうすれば，よく切れるようになるだろう。
	c.	Don't lean **against** the wall.
		壁に寄りかからないでください。

3a でドアを押しても開かないのはドアが対抗する力を加えたためで，3b で包丁を石でとげば刃が鋭くなるのは石が包丁に力を加えるためだといえる。3c で誰かが壁に寄りかかるのに対し壁が反対の力を加えなければ倒れてしまうだろう。

次の文では他動詞が使われて動詞の目的語が Y に力を加えている。

---

4   a.   She propped the post **against** the blackboard.
         彼女は棒で黒板を支えた。
     b.   She rested the rake **against** the wall.
         彼女は熊手を壁に立てかけた。
     c.   She pressed her hand **against** her forehead.
         彼女は手を額に当てて押さえた。

1.3. 抵抗・対抗

次では，X が Y に抵抗したり対抗したりする。

---

5   a.   The poor people rose **against** the king.
         哀れな民が王に歯向かった。
     b.   All his servants complain **against** the master because he does
         not pay them enough.
         彼の使用人たちはみな，彼が十分なお金をくれないので，主人に
         食ってかかって不平を言う。

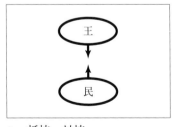 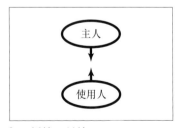

a. 抵抗・対抗   b. 抵抗・対抗

図 3

1.4. 反対

次の X **against** Y において，X は Y に反対する。

6

a. The citizens voted **against** the law.

市民たちはその法に反対する投票をした。

b. The leader spoke **against** violence.

指導者は暴力に反対する演説をした。

c. I want to raise an objection **against** starting work so early.

私は仕事をそんなに早く始めることに異議を提起したい。

d. Are you **against** allowing girls to join our club?

あなたは少女たちが私たちのクラブに入ることに反対しますか。

e. Father was **against** his daughter marrying young.

父親は自分の娘が早く結婚するのに反対した。

f. I am **against** the baby.

私は赤ちゃんには反対だ。

g. He is **against** the dog.

彼は犬に反対する。

h. We are **against** beer.

私たちはビールに反対する。

6f・6g・6h において，baby，dog，beer は，これらと関連する選択を暗示する。すなわち，赤ちゃんを産むこと，犬を飼うこと，ビールを飲むことに反対する関係を表す。

1.5. 競争・闘争

次において，X は Y と競争したり闘争したりする。

7

a. He is a famous runner and has raced **against** some of the best runners.

彼は優れたランナーであり，何人かの有名な選手たちとも競ったことがある。

b. He had to race **against** the time to finish the work before the dark.

彼は暗くなる前に仕事を終わらせるために時間と闘わなければならなかった。

c. They battled **against** great difficulties.

彼らは大きな困難に立ち向かって闘った。

1.6. 意思・忠告・希望

意思・忠告・希望なども，ある方向への力を持つものと考えられる。このような力も別の力と対抗しうる。次の 8a で，彼は私の意思に逆らって行動する。

8 a. He acted **against** my will.

彼は私の意思に逆らって行動した。

b. **Against** my advice, he waited until 12 o'clock.

私のアドバイスを聞かずに，彼は 12 時まで待った。

c. The girl left **against** her mother's wishes.

その少女は母親の願いを聞かずに出かけてしまった。

1.7. 備え

老年期や疾病も私たちに近づいてくるものと考えられる。次において，X は Y に備える。

9 a. We saved some money **against** our old age.

私たちは老年期に備えて若干のお金を貯蓄した。

b. We are taking medicine **against** the disease.

私たちは病気に備えて薬を飲んでいる。

c. We take vitamins as a protection **against** colds.

私たちは風邪の予防策としてビタミン剤を飲んでいる。

d. The villagers built a dam **against** the rising river.

村人たちは川の増水に備えて堤防を築いた。

1.8. 背景

X **against** Y において，Y は X の視覚的背景になる。X はこの背景 Y に対して，対照になることもあり，そうでないこともある。

---

10 a. The picture looks good **against** the light wall.
その絵は薄い色の壁を背景にしてよく映える。

b. The red tie looks good **against** the blue shirt.
赤いネクタイが青いシャツによく合っている。

c. She didn't see the black car **against** the dark wall.
彼女は，暗い壁の前にある黒い車が見えなかった。

1.9. 他動詞＋against による自動詞化

他動詞の中には **against** と一緒に使われて自動詞になるものもある。次の 2 つの文を比較してみよう。

---

11 a. He pushed the door. ［他動詞］
彼はドアを押した。

b. He pushed **against** the door. ［自動詞］
彼はドアを（思いきり）押した。

11a の場合，ドアが主語の影響を完全に受けて押されている。言い換えると，この文は，主語がドアに加える力をドアがそのまま吸収して押される過程を表す。しかし，11b の場合，ドアが主語とほぼ対等の力を持っていて簡単に開かない。次の 2 つの文も同様の違いを表す。

---

12 a. Someone is pounding the door.
誰かがドアを叩いている。

b. Someone is pounding **against** the door.
誰かがドアを（激しく）叩いている。

12a の場合，誰かがドアを叩いている状況である。12b の場合は，誰かがドアを激しく叩くが，ドアが対抗している状況である。

2. 他の前置詞との比較

X **against** Y においては，X と Y が対抗し，X **on** Y においては X が Y に影響を与える。

13	a.	The rain was beating **against** the window.
		雨が窓を叩いていた。
	b.	The rain was beating **on** the cabbage leaves.
		雨がキャベツの葉を叩いていた。

13a で the window は雨に抵抗する個体として解釈され，13b で the cabbage leaves は雨の影響を受ける個体として解釈される。
　次の2つの文も同様に解釈される。

14	a.	Don't lean so heavily **against** me.
		私にそんなに強く寄りかからないでください。
	b.	Don't lean so heavily **on** me.
		私にそんなに強く寄りかからないでください。

14a では，相手が私に寄りかかるが，私も相手に対してある程度の力を加える。一方，14b では，相手が私に寄りかかり，私が一方的に影響を受ける。

7 ALONG

along は前置詞および副詞として使われる。まず前置詞の用法から見てみよう。

1. 前置詞的用法

X **along** Y において，X は Y と並んで存在する。

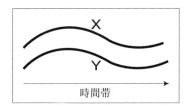

図 1

1.1. 並列

次の文では，X が Y に並んで存在している。

---

1 a. The river runs **along** the valley.
   その川は渓谷に沿って流れている。
   b. The frontier runs **along** the river for a few miles.
   国境が川に沿って何マイルも伸びている。

---

2 a. There's a white line **along** the middle of the road.
   道の真ん中に沿って白い線がある。
   b. There is a fence **along** the border.
   国境に沿って囲いがある。

1.2. X が複数の場合

次は，複数の X が Y と並んで存在している場合である。

---

3 | a. There stands a line of trees **along** the side of the road.
道端に沿って木が並んで立っている。
| b. There were people fishing all **along** the river.
川沿いにずらりと釣りをする人たちがいた。
| c. They have placed soldiers all **along** the frontier.
彼らは国境線沿いに軍人たちを配置した。

3a では，複数の木が構成する点線（X）が道路（Y）と並んで存在している関係を **along** が表す。3b・3c では，複数の人たちが構成する点線（X）が川や国境線（Y）と並んで存在している関係を **along** が表す。

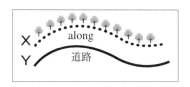
a. 木が道路に並んでいる関係

b. 川に沿って複数の人がいる関係

図 2

次の 4 において，X は図 2 の X と形は異なるが，複数の個体が集まって点線をなすという点は同様である。

---

4 | a. When it rained, planks were placed all **along** the path.
雨が降って，道沿いに板が敷かれていた。
| b. They put nets **along** the side of the ship.
彼らは船べりに沿って網を張った。

1.3. 移動

次において，X は Y に沿って移動する。

---

5 a. The cat ran **along** the road.

猫が道沿いを走っていった。

b. The car raced **along** the road.

自動車が道沿いを疾走した。

c. The general passed all **along** the front of his army.

将軍が自分の兵士たちの前を通り過ぎた。

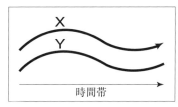

X が Y に沿って移動する

図 3

2. 副詞的用法

次において，**along** は副詞として使われている。すなわち，X **along** Y の Y が使われない場合である。図 4a は前置詞を表す。図 4b は副詞を表し，Y が点線で表示されている。

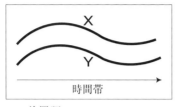

a. 前置詞

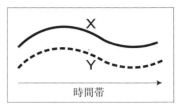

b. 副詞

図 4

2.1. 動詞と along

次の 2 つの文を比較してみよう。6a には動詞 move だけが使われているが，6b には move **along** が使われている。

> **6** a. The man moved slowly.
>   その人はゆっくり動いた。
> b. The man moved **along** slowly.
>   その人はゆっくり（何かに沿って）動いた。

6a には **along** がないので，その場で動いたことを表す。6b には **along** があるので，その状況から分かる道や線に沿って動いたことを表す。

　次も同様である。ある人がある場所から他の場所へ動けば，その移動線を考えうる。また，別の人がこの人と一緒に動けば，別の人の移動線はこの人の移動線についていく。次において，**along** は同行を表す。

> **7** a. She came **along** to the market together with me.
>   彼女は私と一緒に市場に来た。
> b. The boy went **along** with his father.
>   その少年は父親についていった。

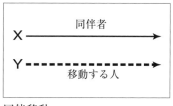

同伴移動

図5

動詞 take や bring も **along** と一緒に使われて移動を表す。

> **8** a. He took his umbrella **along** with him.
>   彼は傘を持って行った。
> b. He brought some books **along** with him.
>   彼は本を何冊か持って来た。

2.2. 時間上の移動

次において，X は時間軸に沿って動く。9a の you はメトニミー的に相手に関する出来事や状況を表し，9b の the company は会社の運営状態を表す。

> **9** a. How are you getting **along**?
>   いかがお過ごしでしょうか。
> b. The company is coming **along** very well.
>   会社はとてもうまくいっています。
> c. How is your work coming **along**?
>   みなさんの作業はどのように進んでいますか。
> d. How is Bob getting **along**?
>   ボブはどのように過ごしていますか。

2.3. all along

この表現は，ある出来事の初めから終わりまでという意味である。

---

10 a. I knew **all along** that he was deceiving.

彼が私をだましているということを，私は初めから知っていた。

b. I told you **all along** that I wouldn't have time to finish it.

私はあなたに初めから，それを終わらせる時間がないだろうと言っていました。

a. 知の状態

b. 過程の反復

図6

8 AMID

amid は前置詞としてのみ使われる。

X amid Y は、X が Y の中に囲まれている関係を表す。これを図で表すと、次のようになる。

前置詞

図1

1. 前置詞的用法

次の X **amid** Y において、X は Y の間にある。

1
a. **Amid** the trees stood a small cottage.
木々の間に小さな山荘が立っていた。
b. **Amid** all the bushes stood the lonely tree.
茂みの中に孤独な木が立っていた。
c. The family stood **amid** the ruins of their house.
その家族は彼らの廃屋の真ん中に立っていた。
d. I caught a glimpse of her **amid** the sea of faces.
私は数多くの顔の中で彼女をちらりと見た。

次の X **amid** Y において、X は騒がしく混乱した状態 Y の中にある。

2
a. The mayor resigned **amid** numerous corruptions.
多くの不正の中で市長が辞任した。
b. The cabinet is meeting today **amid** calls for reform.

改革が叫ばれる中で閣議が開かれている。

c. The Korean Won fell **amid** rumors of economic slow down.
景気沈滞の噂の中で韓国ウォンが暴落した。

d. China rations food **amid** US sanctions.
アメリカの制裁の中で中国は食糧を配給している。

e. People in the police state live **amid** fear and oppression.
その警察国家の国民は恐怖と抑圧の中で暮らしている。

f. The stock market fell **amid** uncertainty.
不確実性の中で株式市場が暴落した。

g. Donald Trump met with Theresa May **amid** protests.
ドナルド・トランプとテレサ・メイは抗議活動のある中で会談した。

2. from amid

amid は次のように from と一緒に使える。

3 | An old temple peeped out **from amid** the trees.
木々の間から古い寺院がちらりと見えた。

9 AMONG

among は前置詞としてのみ使われる。

1. 前置詞的用法

X **among** Y は，X が複数の Y の中にある関係を表す。これを図で表すと，次のようになる。

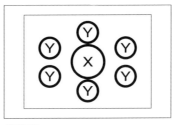

前置詞

図 1

1.1. 複数の Y の中にある関係

次の X **among** Y において，X は複数の Y の中にある。

---

1 a. You are **among** friends.
   あなたは友人たちの中にいる。

b. They are **among** the richest people in town.
   彼らは市内で最も金持ちの部類に入る。

c. I found him **among** a group of small children.
   幼い子どもたちの群れの中から私は彼を見つけた。

d. One Korean was **among** the rescues.
   救助者の中に 1 人の韓国人が含まれていた。

e. He strolled **among** the chestnut woods.
   彼は栗林の中を散歩した。

1.2. 複数の Y に分ける関係

次において，X は複数の Y に分けられる。

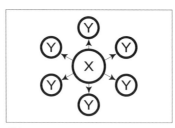

前置詞

図 2

> **2** a. The estate was divided **among** relatives.
> その不動産は親戚の間で分けられた。
> b. The money is divided **among** the surviving children.
> そのお金は生き残った子どもたちの間で分けられた。
> c. Share the sweets out **among** yourselves.
> あなたたちでそのキャンディーを分けなさい。

1.3. 共有される関係

次において，X は複数の Y に共有される。

> **3** a. The country music is popular **among** teenagers.
> カントリーミュージックは十代の間で人気がある。
> b. Disease is common **among** poorly nourished children.
> 疾病は栄養状態のよくない子どもたちの間に多い。

10 AROUND

around は前置詞および副詞として使われる。まず前置詞の用法から見てみよう。

1. 前置詞的用法

1.1. X が Y の周囲にある関係

X **around** Y では，1 つの個体 X が Y を取り囲むか，複数の個体 X が Y の周囲にある。

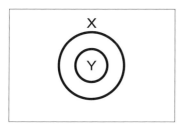
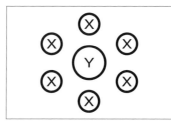

a. 1 つの個体 X が Y を取り囲む　　b. 複数の個体 X が Y の周囲にある

図 1

以下で，X と Y の性質を中心に，**around** の意味を見てみる。

1.2. X が 1 つの場合

次において，**around** は 1 つの X が Y の周囲にある関係を表す。

1
a. She wore a belt **around** her waist.
　　彼女は腰（の周り）にベルトを締めていた。
b. He put a rope **around** his horse's neck.
　　彼は馬の首に手綱を付けた。
c. The string of my kite is **around** a branch.
　　私の凧の糸が木の枝に巻きついている。

---

d. The land **around** his house is green and pleasant.

彼の家の周りの土地は，緑が多くて快適だ。

例文1では，1つのXがYの周囲にある。しかし，XがYを完全に取り囲む必要はない。

1.3. Xが複数の場合

次では，複数のXがYの周囲にある。

2 a. The family sat **around** the table.
その家族はテーブルを囲んで座った。
b. We saw many cottages **around** the lake.
私たちは湖の周りに多くの別荘を見た。
c. The pansies grew **around** the flower bed.
パンジーが花壇の周りに育った。

さらに，次の例を見てみよう。

3 a. Everyone for miles **around** us saw the smoke.
私たちの周囲数マイルにいた人たちみんながその煙を見た。
b. There were lots of suspicious characters **around** the market.
市場の周りには怪しい人たちがたくさんいた。
c. When one dog barked, all the dogs for miles **around** it began to bark.
1匹の犬が吠えると，周囲数マイルのすべての犬が吠えはじめた。

2と3において，Xはすべて複数である。これらの複数の個体を線で結ぶと曲線を成す。

1.4.　位置

次では be 動詞が使われており，X は Y の周囲のどこかにあるか Y を曲がったところにある。

4　a.　My keys must be **around** here.
　　　　私の鍵はこのあたりにあるに違いない。
　　b.　The park is **around** the corner.
　　　　その角を曲がったところに公園がある。
　　c.　The garage is **around** the house.
　　　　その家を曲がったところに車庫がある。

1.5.　おおよその数

次の X **around** Y において，X が Y（数・量）の周囲または近くにある。

5　a.　There were **around** 200 people at the meeting.
　　　　およそ 200 名の人たちがその会議に参加した。
　　b.　The price has risen to **around** 500 dollars.
　　　　価格が約 500 ドルまで上がった。
　　c.　I'll be home **around** seven.
　　　　私はだいたい 7 時頃には家にいるだろう。
　　d.　The rent has risen to **around** 200 dollars.
　　　　賃借料が約 200 ドルまで上がった。

1.6.　X が Y を回ること

次の X **around** Y において，X は Y の周囲を回る。ただし，回る程度は 360 度未満の場合もある。

6 a. The earth goes **around** the sun.

地球は太陽の周りを回る。

b. Spaceships orbit **around** the earth.

宇宙船が地球の周りを回る。

c. He went **around** the corner carefully.

彼は注意深く角を曲がった。

d. He took our guests **around** the bay.

彼は私たちのゲストをその湾のあたりへ連れていった。

図2ではXが通過する軌跡が曲線を描くが，曲線の形がすべて異なる。図2aの曲線は完全な円であり，図2bの曲線は円の約1/4の弧であり，図2cの曲線はおおよそ湾の形に沿っている。したがって，**around** にとって重要なことは，Xの動きに曲線が含まれるという点である。

 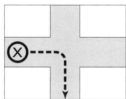 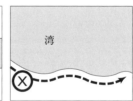

a. around 360 度　　b. around 90 度　　c. around 10 〜 20 度

図2

1.7. 巡行

次の X **around** Y においては，X が Y の周囲を回ったり Y のあちこちをめぐったりする。

7 a. The students went **around** Korea during their holidays.

学生たちは，休暇中に韓国じゅうをめぐった。

b. I have travelled all **around** England this summer.

今年の夏に私はイギリスのあちこちをめぐった。

c. She went **around** the house and locked the doors.

彼女は家の周りをあちこち見回ってドアを施錠した。

d. He took his grandson **around** the laboratory.

彼は孫を実験室のあちこちに連れて回った。

e. Bees are buzzing **around** the garden.

蜂が庭のあちこちをブンブン飛び回っている。

f. The rumor is going **around** the office.

その噂は事務所じゅうに広まっている。

1.8. Y が複数の場合

次の X **around** Y において，X は複数の個体 Y をめぐる。

8 a. They went **around** all the restaurants that evening.

その日の夜，彼らはそこらじゅうのレストランをさまよった。

b. Bill took his friend **around** the guests and introduced him to all of them.

ビルは友人を招待客たちのところに連れて回って，彼をみんなに紹介した。

c. In this town, hundreds of dogs run **around** the streets all the time.

この町では，数百匹の犬がいつも通りをうろついている。

1.9. X が Y を迂回する場合

次において，X は障害物 Y の周囲を回る。

9 a. We got **around** the obstacle.

私たちは障害物を迂回していった。

b. They got **around** the lack of chairs by sitting on the floor.

椅子が不足しているという問題を，彼らは床に座ることで解決した。

2. 副詞的用法

次において，**around** は副詞として使われている。すなわち，X **around** Y の Y が使われない場合である。これを図で表すと，次のようになる。図の中で Y は点線で表示されているが，暗示された Y は文脈・状況・常識から推測される。

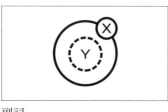

副詞

図 3

2.1. 文脈

次の例文で暗示された Y は，文脈から推測できる。10a では the corner，10b では the garden である。

10	a.	When you get to the corner, go **around** carefully.
		その角に着いたら，注意して曲がりなさい。
	b.	We planted the garden **around** with thick bushes.
		私たちは庭の周りに深い茂みを植えた。

2.2. 状況

次の例文で暗示された Y は，状況から推測できる。つまり，X 自体がまさに Y である。

11	a.	He turned **around** and I saw his face for the first time.
		彼が振り向いたので，私は初めて彼の顔を見た。

b. The ship turned right **around** and began to go back to the port.

その船はすぐ方向を変えて港へ戻りはじめた。

c. The propeller goes **around** so fast that you cannot see it.

プロペラがあまりにも速く回るので，目に見えない。

2.3. 常識

次の例文で暗示された Y は，常識から推測できる。

12　a. When the two men began to fight, lots of people crowded **around** to watch.

2 人がけんかしはじめると，多くの人たちが見物しようとして周りに押し寄せた。

b. The bridge is damaged, so you will have to go **around** by the lower one.

その橋が壊れたので，下流の橋へ迂回しなければならないだろう。

c. After supper, we went **around** to see our neighbor.

夕食を食べた後，私たちは（どこかを回って）隣人に会いに行った。

12a で Y はけんかする 2 人であり，12b で Y は壊れた橋である。12c では，2 軒の家が直線上ではなく曲線上に位置していると想像できる。

2.4. 翻意・覚醒

13a で **around** は，若者の考え方が老人の考え方に近づく関係を表す。13b で **around** は，ある人が意識不明の状態から回復する関係を表す。

13　a. The two men had quite different views on the subject, but the old man managed to bring the young **around** to his view.

2 人はその問題に関して互いに大きく異なる見解を持っていたが，老人が若者の考えをかろうじて自分の考えのほうに変えさせた。

> b. When John came **around**, he found he had a bump on his head.
>
> ジョンは意識を取り戻したとき，頭にこぶができていることに気づいた。

13a において，2 人が意見を異にするということは考え方の方向が異なるということであり，ある人の考え方を他の人の考え方のほうに変えさせるということは考え方を一致させるということである。すなわち，図 4 において，A の考え方を 180 度回転させると，B の考え方と一致する。

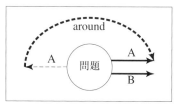

意見を一致させる

図 4

13b における意識の有無を図 5 のように表すことができる。意識を失うということは，意識から無意識に移行することである。意識を取り戻すということは，その反対に，無意識から意識に移行することである。

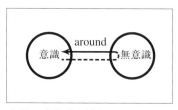

意識の喪失と回復

図 5

2.5. 時間関係

副詞 **around** は時間を表すのにも使われる。

106

14
  a. Do you live here all the year **around**?

      あなたは1年じゅう，ここで暮らしていらっしゃるんですか。

  b. The weather is fine all the year **around**.

      1年じゅう天気がよい。

14では，1年という期間を時計のような円として認識し，この円に沿って生活や状態が続くと考えるために，**around** が使われているのである。

　次でも考え方の方向が変わる。

15
Tom was hitting Mary. No, that's not the case. It was the way **around**.

トムがメアリーを叩いていた。いや，それは事実じゃない。それは反対だ（すなわち，メアリーがトムを叩いていた）。

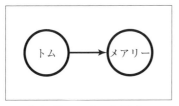
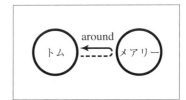

  a. トムがメアリーを叩く　　 b. メアリーがトムを叩く

図6

11 AS

as は前置詞および接続詞として使われる。ここでは前置詞の用法のみ見ることにする。

1. 前置詞的用法

X as Y において，X が Y の資格・機能・特性を持っている関係を表す。これを図で表すと，次のようになる。自動詞文と他動詞文に分けて，**as** を考察する。

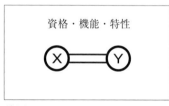

前置詞 as

図1

1.1. 自動詞文

1.1.1. 資格・機能
次において，主語 X が Y の資格や機能を持つ。

1　a.　He works **as** a secretary to the president.
　　　　彼は大統領の秘書として働いている。
　　b.　The news came **as** a shock.
　　　　そのニュースは衝撃として伝わってきた。

1.1.2. 特性

2　a.　**As** a young man, I was very shy.
　　　　若者として，私はとても恥ずかしがり屋だった。

---

b. **As** a child, he was very curious.

幼い子どもとして，彼は好奇心が旺盛だった。

c. **As** parents, we are concerned about our children's health.

親として，私たちは子どもたちの健康に関心を持つ。

1.2. 他動詞文

次の文では，他動詞の目的語 X が Y の資格や特性を持つ。

3　a. He used the sofa **as** a bed.

彼はソファーをベッドとして使っていた。

b. He is considering his son **as** a successor.

彼は息子を後継者として考えている。

c. He regards the situations **as** a drama.

彼はその状況をドラマとして見ている。

12 AT

at は前置詞としてのみ使われる。

1. 前置詞的用法

X at Y は，X が点と考えられる場所 Y にある関係を表す。

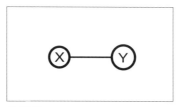

前置詞 at

図 1

1.1. 頂上・底・終点

次の X at Y において，X は点と考えられる場所 Y にある。

1
a. The climber stood **at** the summit of the mountain.
登山家が山の頂上に立った。
b. The village is **at** the bottom of the hill.
その村は丘のふもとにある。
c. He stopped **at** end of the road.
彼は道の突き当たりで立ち止まった。
d. They are **at** the crossroads now.
彼らはいま交差点にいる。

1.2. 空港・港・駅・地番

広い地域も，航路・海路・線路などの上では点とみなされる。

2 | a. Last night we arrived **at** Seoul.
　　昨日の夜，私たちはソウルに到着した。

　　b. The cruise docked **at** the port of Busan.
　　クルーズ船は釜山港に停泊した。

　　c. We got off **at** Otemachi Station.
　　私たちは大手町駅で降りた。

　　d. I lived **at** 25 Wall Street.
　　私はウォール街の 25 番地に住んでいた。

　　e. I saw Tom back **at** the last gas station.
　　私は最後のガソリンスタンドでトムに会った。

　　f. Sign up **at** event.com.
　　event.com で登録してください。

　　g. The information is available **at** aa.com.
　　その情報は aa.com で得られる。

2a ではソウルが航路上の一点として，2b では釜山が海路上の一点として，2c では大手町駅が線路上の一点として認識されている。2d・2e では地番やガソリンスタンドが道路上の一点として，2f・2g では URL がインターネット上の一点として認識されている。

a. 地番：道路上の一点

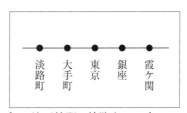

b. 地下鉄駅：線路上の一点

図 2

1.3. 位置

次の X at Y において，X は行事や過程であり，Y はこれらが起こる位置である。位置は点として認識される。

3 a. The exhibition is held **at** the national museum.

その展覧会は国立博物館で開かれる。

b. They were married **at** a courthouse.

彼らは裁判所で結婚した。

c. He worked **at** different radio stations.

彼は複数のラジオ放送局で働いていた。

d. He got the key **at** the reception.

彼はフロントで鍵を受け取った。

1.4. 高度・深度・地点

高度・深度・地点も，1つの点として認識される。

4 a. The missile flew **at** an altitude of 30km.

誘導弾は高度 30 キロメートルで飛んでいった。

b. The earthquake occurred **at** a depth of 9km.

その地震は 9 キロメートルの深さで起きた。

c. She took in the pants **at** the waist.

彼女はズボンのウエストを詰めた。

d. There is a tall tree **at** the front of the house.

その家の前には大きな木がある。

1.5. 速度・温度・価格・角度・比率

X がある値を指すことを示す at は，速度・温度・価格・角度・比率などを表すのにも使われる。これらはすべて，連続線上の一点と考えられるからである。

5
a. The train was going **at** 60 miles an hour.
列車が時速 60 マイルで進んでいた。

b. Today it will peak **at** 30℃.
今日の最高気温は摂氏 30 度に達するだろう。

c. We cannot pay the rent **at** the rate of 200 dollars a month.
私たちは 1 か月 200 ドルの家賃を払えない。

d. They buy and sell things **at** fair prices.
彼らは適正な価格で品物を売買する。

e. He bowed **at** 90° angles.
彼は腰を 90 度に曲げてあいさつした。

f. The market grows **at** a rate of 8% per year.
その市場は年 8 パーセントの比率で成長する。

5 において at は，X が連続線上のある値 Y に位置していることを表す。5a では速度が時速 60 マイルに，5b では最高気温が摂氏 30 度に，5c では家賃が 1 か月 200 ドルに位置していることを表す。

1.6. 水準・段階

次の X at Y において，X は一定の水準・段階 Y にある。水準や段階も点として認識される。

6
a. Fine dust today is **at** the worst level.
今日の細塵は最悪の水準にある。

b. He speaks English **at** a native speaker level.
彼は母語話者並みに英語を話す。

c. The project is **at** the initial stage.
その企画は始まりの段階にある。

1.7. 程度

次の X **at** Y において，X は Y が指す程度にある。程度も点として認識される。

> **7** a. He is staying **at** a low weight.
>
> 　　彼は低体重だ。
>
> b. She stays **at** a low fat.
>
> 　　彼女は低体脂肪を維持している。
>
> c. The world record is **at** 10 seconds.
>
> 　　世界記録は 10 秒だ。
>
> d. The battery is **at** 10%.
>
> 　　バッテリーは 10 パーセントある。

1.8. 最高・最低

最高・最低などの程度も 1 つの点と考えられる。

> **8** a. We can pay you 10 dollars an hour **at** most.
>
> 　　私たちは 1 時間あたり最高 10 ドルまで出せる。
>
> b. **At** worst, we will only lose two days because of the strike.
>
> 　　最悪の場合でも，私たちはそのストライキで 2 日を失うだけだ。
>
> c. We will pay a small fine **at** worst.
>
> 　　最悪の場合でも，私たちは若干の罰金を払うだけで済む。
>
> d. The singer is **at** his best.
>
> 　　その歌手はベストの状態にある。
>
> e. **At** last they reached an agreement.
>
> 　　最終的に彼らは合意に至った。

1.9. 視線の到達点

何かを見るということは，私たちの広い視野の中の事物に焦点を合わせることで

ある。この事物は，視野の中にある一点として概念化される。そのため，前置詞 at が使われる。

> 9 a. It is not polite to stare **at** people.
>   他の人たちをじっと見つめるのは失礼なことである。
> b. Don't look **at** him.
>   彼を見ないでください。
> c. The old man glared **at** the rude boy.
>   老人は行儀の悪い少年をにらみつけた。

1.10. 機能・役割

X **at** Y は，これまでに見てきた関係よりさらに抽象的な機能・役割を表すことができる。

1.10.1. 参与者と行為

ある行為がおこなわれるには，その行為をする参与者がいる。例えば，参与者 X が運動選手であれば，行為 Y は運動競技である。

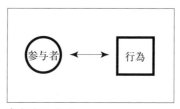

参与者と行為

図 3

> 10 a. John shines **at** tennis, but he's not good **at** golf.
>   ジョンは，テニスは上手だが，ゴルフは上手でない。
> b. He is hard **at** work.
>   彼は一生懸命働いている。
> c. He keeps **at** the problem.

> 彼は引き続きその問題を解こうとしている。

次の文には能力を表す名詞や形容詞が使われ，主語があることを遂行できる能力の程度を表している。

11
- a. Joe is an expert **at** chess.
  ジョーはチェスの名人である。
- b. Tom is very good **at** languages.
  トムは複数の言語がとても上手だ。
- c. She is very slow **at** learning dance.
  彼女はダンスを覚えるのが非常に遅い。

例文 11 において，X は人の能力であり，Y は能力が発揮される活動領域である。

1.10.2. 利用者と道具

競技や学習だけでなく，事物も人と密接な関係を表す。次の X at Y において，X は人であり，Y は X が利用する道具である。X はこれらの近くに座ってこれらを使用する。

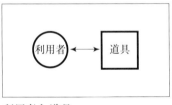

利用者と道具

図 4

12
- a. Mr. Smith was sitting **at** his table and writing a letter.
  スミスさんはテーブルに座って手紙を書いていた。
- b. He sat **at** the computer.
  彼はパソコンの前で作業をした。
- c. She is **at** the piano, playing a sonata.

> 彼女はピアノでソナタを弾いている。

12 でも，Y が提供する機能を考慮する必要がある。12a において，テーブルは人がごはんを食べたり文章を書いたりするのに使われる事物である。前置詞 at は，ある事物が提供する機能と利用者の間に密接な相互作用の関係があることを表す。

1.10.3. 利用者と公共機関

次の X at Y は，X（人）が Y（公共機関）を利用することを表す。

13
a. Mary is **at** cinema.
    メアリーは映画館で（映画を見て）いる。
b. John is **at** the bank.
    ジョンは銀行で（用事を済ませて）いる。
c. Sue is **at** the hotel.
    スーはホテルに（泊まって）いる。
d. They are **at** the football match.
    彼らはサッカーの試合に行って（観戦をして）いる。

13a は，メアリーが単に映画館にいるのではなく，映画館が提供する機能と関係を持っているという意味である。残りの文も同様に考えられる。13b でジョンは銀行の顧客として銀行に，13c でスーはホテルの宿泊客としてホテルに，13d で彼らはサッカーの試合の観戦者として競技場に行っていることを，at が表す。

1.10.4. 個体と状態

次の X at Y は，X がある状態 Y（平和，休止，休息など）にあることを表す。状態は抽象的なので，場所を表す前置詞 **at** で表現される。

14
a. Her conscience is **at** peace.
    彼女の良心にはやましいところがない。
b. The boy scouts stood **at** attention.
    ボーイスカウトたちが気をつけの姿勢で立っていた。

c. I don't feel **at** ease with them.

私は彼らといると居心地が悪い。

d. The heart beats more slowly when it is **at** rest.

楽なときには，心臓はもう少しゆっくり脈打つ。

1.10.5. 行為者と過程

X **at** Y において，X は行為者であり，Y は過程である。

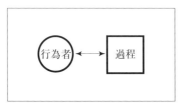

行為者と過程

図 5

15

a. Father is **at** work now.

父は働いている。

b. All the children were **at** play.

子どもたちはみんな遊んでいた。

c. They are **at** breakfast now.

彼らはいま朝食を食べている。

d. Ali is **at** lunch at the moment.

アリはいま昼食を食べている。

1.10.6. 刺激と反応

次の X **at** Y において，X は Y の命令や要求に反応する。

16

a. **At** his words they all stood up.

彼の命令に，みな立ち上がった。

b. **At** her request, they played 'Rose Marie!

> 彼女のリクエストに応じて，彼らは「ローズマリー」を演奏した。

16a では彼の命令を聞いてみなが立ち上がった関係を **at** が表し，16b では彼女のリクエストに応じて彼らが演奏をした関係を **at** が表す。

1.11. 動詞の種類

1.11.1. コミュニケーション動詞：叱責

次の **at** は，コミュニケーション動詞と一緒に使われて叱責の意味を持つ。まず，前置詞 **to** と比較してみよう。

17	a.	She shouted **to** me.
		私に聞こえるように，彼女は大声で言った。
	b.	She shouted **at** me.
		彼女は私を大声で叱った。

前置詞 **to** が使われた 17a は彼女が私に何かを伝えようと大声で言ったことを表し，**at** が使われた 17b は彼女が私を大声で叱ったことを表す。
　次の 2 つの文も比較してみよう。

18	a.	Mother spoke **to** me.
		母親は私に話をした。
	b.	Mother spoke **at** me.
		母親が私を叱った。

18a は，母親が私に何かを伝えるために話したことを表す。18b は，私が何かをしたために母親を刺激して，母親が私を叱ったことを表す。

1.11.2. 移動動詞：攻撃

次の 2 つの文には移動動詞 run が使われている。この場合にも，**to** と **at** の違いは明らかである。

19	a.	He ran **to** me.
		彼が私のところに走ってきた。
	b.	The dog ran **at** me.
		犬が私に飛びかかってきた。

1.11.3. 接触動詞：部分的影響

次の 20a では他動詞が使われており，目的語ドアが全体的な影響を受けることを表す。20b では自動詞と **at** が使われており，ドアが部分的な影響を受けることを表す。

20	a.	He knocked the door down.
		彼はそのドアを叩いてはずした。
	b.	He knocked **at** the door (*down).
		彼はそのドアをノックした。

注：＊は後に来る表現がその文に使えないことを表す。

例文 20b では **at** が使われているため down が使えない。

1.11.4. 捕捉動詞：努力

at が捕捉動詞と一緒に使われると，努力を表す。次の文を比較してみよう。

21	a.	The drowning man caught a straw.
		おぼれる人がわらを**つかんだ**。
	b.	A drowning man will catch **at** a straw.
		おぼれる人は，わらをも**つかもうとするだろう**。

21a はおぼれる人がわらをつかんだことを表し，21b はおぼれる人がわらでもつかもうと努力することを表す。

　次も同様に努力の意味を表す。このような努力は失敗に終わる可能性もある。そのため，but などの接続詞や missed などの動詞と一緒に使える。

22 a. He snatched **at** the purse but missed.
彼は財布を取ろうとしたが取れなかった。

b. He shot **at** the bird, but missed.
彼は鳥を撃とうとしたが当てられなかった。

次の 23a はパイプ全体を引き寄せる過程を表し，23b はパイプに入ったタバコの煙を吸う過程を表す。

23 a. He is pulling his pipe.
彼はパイプを引き寄せている。

b. He is pulling **at** his pipe.
彼はパイプ（タバコの煙）を吸っている。

1.11.5.　感情動詞・感情形容詞：原因

at が表す刺激-反応の関係は，感情を表す動詞や形容詞において，さらに明白に見ることができる。次の 24 において，X は主語が持つ心の状態であり，Y はこの状態を引き起こす原因である。

24 a. I always wonder **at** his driving skill.
私はいつも彼の運転技術に驚く。

b. The people rejoiced **at** the news.
人々はその知らせを聞いて喜んだ。

c. She was angry **at** their cruelty.
彼女は彼らの残忍さに憤った。

24a では彼の運転技術を見て私が驚嘆する関係を，24b では人々がその知らせを聞いて喜ぶ関係を，24c では彼らが残忍なことをするのを見て彼女が憤る関係を，**at** が表す。

1.11.6.　感情動詞の受身形：即時的反応

次の文では感情動詞の受身形が使われており，**at** は主語が Y の刺激を受けて即

時的な反応を表す関係を描写する。

> **25**
> a. I was surprised **at** the news.
> 　私はそのニュースにびっくりした。
> b. I was shocked **at** his appearance.
> 　私は彼の登場に衝撃を受けた。
> c. He was amazed **at** her skill.
> 　彼は彼女の技術に驚嘆した。

1.12. 時点

時間は抽象的な概念なので，空間概念を借りて表現される。時点とは，時間軸上の点のようなものである。したがって，時点を表すとき，前置詞 **at** が使われる。ここでいう時点とは，時計が示す時刻の場合もあり，太陽や月の動きを基準とする時間表現の場合もある。

> **26**
> a. I will meet you **at** 6:00.
> 　私は 6 時にあなたに会う。
> b. The new year begins **at** midnight.
> 　新年は正子（午前 0 時）に始まる。
> c. **At** the last moment, we changed our plans.
> 　最後の瞬間に私たちは計画を変更した。

次の時間表現は太陽や月の動きを基準としたものである。

> **27**
> a. The explorers set off **at** dawn.
> 　探検家たちは明け方に出発した。
> b. The rooster crows **at** sunrise.
> 　雄鶏は日が昇るころに鳴く。
> c. They came back **at** sunset.
> 　彼らは日が沈むころに帰ってきた。

前置詞 **at** は，時刻だけでなく，hour，weekend，Christmas などにも使える。時間，週末，クリスマスは厳密にいえば期間であるが，これらも時間軸上の点として認識されうる。

28
a.　**At** this hour, traffic is very heavy.
　　この時間，交通量が多い。
b.　**At** the weekend, I rested at home.
　　週末，私は家で休んだ。
c.　**At** Christmas, our family got together.
　　クリスマスに，うちの家族はみな集まった。

2.　他の前置詞との比較

2.1.　at と by

次において，**at** は地点を，そして，**by** は手段を表す。

29
He came in **at** one door and went out **by** a window.
彼はドアから入ってきて窓から出ていった。

例文 29 で，**at** は one door を地点として表し，**by** は a window を手段として表している。

2.2.　at と on

次において，**at** は位置，**on** は接触を表す。

30
a.　We stopped **at** page 15.
　　私たちは 15 ページでストップした。
b.　The accident is reported **on** page 20.

> その事故は 20 ページに報告されている。

30a の **at** はある本の 15 ページめでストップしたことを表し，30b の **on** は 20 ページめにその事故について掲載されていることを表す。次の 2 つの文も比較してみよう。

31 | a. He is working **at** a new invention.
     彼は新しい発明品を作ろうとしている。
   | b. He is working **on** a new invention.
     彼は新しい発明品を作っている。

31a の **at** は反復的な試みを表し，31b の **on** は新しい発明品を作っている過程にあることを表す。

2.3.　at と over

次において，**at** は即時的な反応を表し，**over** は長い期間に及ぶ反応を表す。

32 | a. I was upset **at** the closure of the store.
     私はその店が閉店して心が痛んだ。
   | b. I was upset **over** the closure of the store.
     私はその店が閉店してずっと心が痛かった。

32a では **at** が使われ，32b では **over** が使われている。**at** が使われた場合，その店が閉店したのを知ったときに心が痛んだことを表し，**over** が使われた場合，その店が閉店したことで長期間にわたって心が痛んだことを表す。

2.4.　at と with

感情動詞と **at** が一緒に使われると即時的な原因を表し，感情動詞と **with** が一緒に使われると持続的な原因を表す。

33
a. I am delighted **at** the idea of going abroad.
  私は外国に行くということを考えてうれしい。
b. I am delighted **with** the idea of going abroad.
  私は外国に行くということを考えるとうれしくなる。

前置詞 **at** が使われた場合，外国に行くということを考えた瞬間にうれしい気持ちになることを表し，前置詞 **with** が使われた場合，外国に行くという考えがずっと心の中にあり，そのことを思うたびにうれしい気持ちになることを表す。

　次の 2 つの文の違いも同じように説明されうる。

34
a. I was furious **at** George.
  私はジョージに腹が立った。
b. I was furious **with** George.
  私はジョージに腹が立っていた。

34a は，ジョージが何かをしたことを知った瞬間に，私がひどく立腹したという意味である。34b は，ジョージがしたことを考えつづけて，私がずっと立腹していたという意味である。

before は前置詞および副詞として使われる。まず前置詞の用法から見てみよう。

1. 前置詞的用法

1.1. 時間的に先立つ関係

X **before** Y においては，X が先に起きて，Y がその後に起きる。矢印は時間が流れる方向を表す。

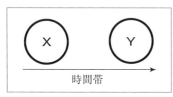

a. 前置詞 before

b. 出かける前に靴を磨く関係

図 1

1.1.1. X が Y に先行

次の例において，X は Y に先行する。1a では，靴を磨くことが出かけることに先立つ（図 1b）。

1	a.	He cleaned his shoes **before** going out.
		彼は出かける前に自分の靴を磨いた。
	b.	I finished the work **before** dinner.
		私は夕食を食べる前に仕事を終えた。
	c.	A comes **before** B in the alphabet.
		英語のアルファベットで A は B の前に来る。
	d.	He went **before** me.
		彼は私より先に行った。

1b において，X は I finished the work であり，Y は dinner であるが，この dinner

は時間的に解釈されなければならない。つまり，夕食を食べる前に仕事を終えたという意味になる。1c では，英語のアルファベットの順で，A が先に来て，その次に B が来る。1d では，X は he went であり，Y は me（I went）である。

1.1.2. X が Y より優先
次において，X は Y より優先的に選択される。次の 2a では死が降伏に先立つ。

---

2 | a. He would die **before** surrendering.
　　　彼は降伏するより死を選ぶだろう。
　　 b. Good health comes **before** money in order of importance.
　　　重要性の順において，健康はお金より先立つ。
　　 c. Ken put his family **before** his career.
　　　ケンはキャリアより家族を重要視した。

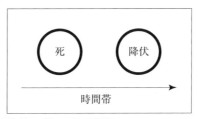

降伏の前に死ぬ関係

図 2

1.2. 空間的に先立つ関係

1.2.1. X は Y の影響の前
次において，X は Y の影響を受ける関係にある。

---

3 | a. The trees bent **before** the storm.
　　　暴風で木が曲がった。
　　 b. The ship was sailing **before** the wind and making good speed.
　　　風を受けて船が高速で進んでいた。

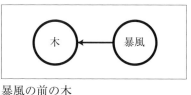

暴風の前の木

図3

1.2.2. X は Y の権威の前

次において，X は自分より高位の Y の前にいる。

4 a. He was summoned **before** the captain.

彼は大尉の前に呼ばれて来た。

b. He came **before** a judge, accused of stealing.

彼は窃盗の容疑で判事の前に来た。

c. They all bowed **before** the bishop.

彼らはみな主教にお辞儀をした。

d. The troublemakers were called **before** the principal.

問題児らが校長先生の前に呼ばれて来た。

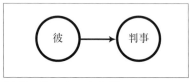

判事の前に出てきた彼

図4

1.2.3. X は Y の面前

次において，X は Y の面前で起きる。

5 a. She broke his umbrella **before** my eyes.

私の目の前で，彼女は彼の傘を壊した。

b. It all happened **before** my eyes.

そのすべての出来事は，私の目の前で起きた。

c. They set food **before** him and left.

彼らは彼の目の前に食べ物を置いて出ていった。

d. Korea will face Nigeria **before** crowds of thousand.

数千の群衆の前で韓国はナイジェリアと対戦する。

e. The secretary put the file **before** the chairman.

秘書は会長の前にファイルを置いた。

2. 副詞的用法

X before Y の Y がない場合，before は副詞である。図 5a は前置詞である。図 5b は副詞であり，Y は点線で表示されている。

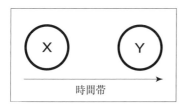 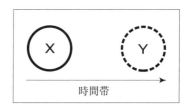

a. 前置詞　　　　　　　　b. 副詞

図 5

2.1. 空間関係

次において暗示された Y は，話し手と聞き手がいる場所，または彼らが互いに知っている場所である。

6 a. There are buildings **before** and after.

（私たちの）前後に建物がある。

b. Look **before** and after.

前後を見なさい。

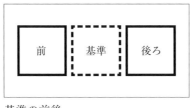

基準の前後

図6

2.2. 時間関係

次において暗示されたYは，発話時か，あるいは話し手と聞き手が知っている時点である。Xはこの時点の前に起きる。時間が過去から現在へ流れると仮定すると，先立つ出来事は基準時点より前とみなされる。

7	a.	I have not met him **before**.
		私は以前，彼に会ったことがない。
	b.	I had met him five years **before**.
		私は5年前に彼に会っていた。

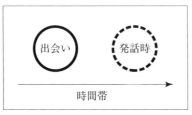

発話時の前

図7

2.3. 先立つ期間の明示

X **before** Y において，XがYに先立つ期間が明示されうる。

8 a. He went back weeks **before**.

彼は数週間前に帰った。

b. We met years **before**.

私たちは何年か前に出会った。

2.4. 文脈

次において，Y は文脈から推測されうる。暗示された Y は，9a では last week であり，9b では last year である。

9 a. He was in Seoul last week, and had been in Busan **before**.

彼は先週ソウルにいて，それ以前には釜山にいた。

b. He taught English at a middle school last year and had taught at a high school **before**.

彼は去年中学校で英語を教え，それ以前は高校で教えていた。

基準点の前

図 8

behind は前置詞および副詞として使われる。まず前置詞の用法から見てみよう。

1. 前置詞的用法

前置詞 **behind** の意味は，大きく 2 つに分けて考えることができる。X **behind** Y の Y に前後の区別がある場合とない場合である。

　第 1 に，Y に前後の区別がある場合，X が Y の後ろにあれば **behind** が使われる。第 2 に，Y に前後の区別がない場合には，話し手の観点が重要である。話し手（観察者）が見る方向において，Y が前にあり，X がその後ろ（向こう）にあるとき，X **behind** Y が使われる。図 1a の Y には前後の区別があるが，図 1b の Y には前後の区別がない。後者の場合，観察者の位置が重要である。

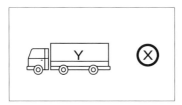

a. 前後の区別がある Y

b. 前後の区別がない Y

図 1

1.1. 前後の区別がある場合

人や動物は知覚器官（特に目）のある方が前で，乗り物などは通常の進行方向が前である。次において，X は Y の後ろにある。

---

1 a. John is **behind** Mary.

　　ジョンはメアリーの後ろにいる。

b. The ball is **behind** the car.

　　ボールは車の後ろにある。

1.2. 前後の区別がない場合

丘や木には内在的な前後がないが，**behind** が使える。ここで重要なのは，その個体の内在的な前後でなく，観察者の観点である。まず，次の例を見てみよう。

> **2** a. The village lies **behind** the hill.
>
> その村は丘の後ろにある。
>
> b. John is **behind** the tree.
>
> ジョンは木の後ろにいる。

2a において，丘には前後がないので，この前後は観察者の位置によって決まる。図2のように，丘の左にいる観察者が丘を眺めるとき，近くに見えるほうが前になり，その反対側が後ろになる。

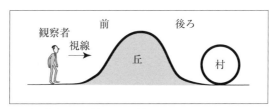

村：観察者から見て丘の後ろ

図2

1.3. Y が移動体の場合

次において，Y は動く個体である。このような場合，個体が移動する方向が前であり，その反対側が後ろである。個体が動いても，**behind** は相対的な前後の位置のみを指す。

> **3** a. A crowd of small boys came **behind** the marching soldiers.
>
> 一群の小さな男の子たちが行進する軍人たちの後ろに来た。
>
> b. Seagulls often fly **behind** the ships sailing on the sea.
>
> カモメたちはときどき航海する船の後ろを飛ぶ。

c. I stayed **behind** others as I was not in a hurry.
私は急いでいないので，他の人たちの後に残った。

軍人の後ろにいる子どもたち

図 3

3c の場合，私と他の人たちがあるところにいて，他の人たちが出ていった後，私だけその場に残っていれば，私は他の人たちの後ろにいることになる。しかし，**behind** は after とは異なり，X と Y の動きを要求しない。3 では X と Y が動くが，**behind** が表す関係においては動くときや立っているときの 2 つの個体の相対的な位置だけが重要である。

1.4. 遅刻

次において，**behind** は時間的に X が Y の後ろにある関係を表す。

4 a. The train arrived ten minutes **behind** time.
予定時間より 10 分遅れて列車が到着した。
b. We are three days **behind** schedule.
私たちは日程より 3 日遅れている。

時間の関係においては，ある基準時点より先立つ時間が前であり，ある基準時点に続く時間が後ろになる。このように見れば，例文 4a では到着時間が予定時間より 10 分後ろにある。到着時間が予定時間の後ろにあるということは，遅れているという意味である。

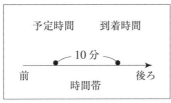

予定時間の 10 分後に到着

図 4

1.5.　秘密裏

人や動物の知覚器官がある方が前であり，知覚器官がない方が後ろである。後ろ
は自分が見ることのできないところである。次の X **behind** Y において，X は Y
の知らないところで起きる。

---

5 a. He went to the police **behind** her back and told them the whole story.

　　　彼は彼女に知らせないで警察に行き，彼らにすべてを打ち明けた。

　　b. There is something strange **behind** this apparent occurrence.

　　　この明白な出来事の裏には何か怪しいことがある。

1.6.　後押し

誰かを後援したり支持したりするとき「後押しする」という。このような意味
も，**behind** が表すことができる。

---

6 a. I am asking for longer holidays, and all the other workers are **behind** me.

　　　私はもっと長い休日を要求しており，他のすべての労働者も私の後
　　　ろに立っている（すなわち，私を支持している）。

　　b. The majority of the people stood **behind** the government re-forms.

大多数の国民が政府の改革を後押ししている（すなわち，支持している）。

c. John stood **behind** his friend when he was in trouble.
友だちが困難な状況にあったとき，ジョンは友だちを助けた。

1.7. 裏面

次の X **behind** Y において，X は Y の裏に隠れている。

7 a. He discovered that **behind** her smile was sadness.
彼女の笑顔の裏には悲しみがあったことを，彼は発見した。

b. He wondered what was **behind** her sudden kindness.
彼女の突然の親切の裏に何があるか，彼は気になった。

c. I found out that **behind** his arrogant manner, he was inexperienced.
彼の傲慢な態度の裏には経験不足があることに，私は気づいた。

1.8. 背後

次の X **behind** Y において，X は Y の背後にある。

8 a. Poverty is **behind** the riot.
その暴動の背後に貧困がある（すなわち，原因である）。

b. Rising prices are **behind** the demonstration.
そのデモの背後に物価上昇がある（すなわち，原因である）。

c. I suspect there is something **behind** it.
その背後に何かがあると私は考えている。

1.9. 過去

次の X **behind** Y において，X は Y の後ろ，すなわち過去にある。

9　a.　He has put his worries **behind** him.

彼は心配を後にした（すなわち，過去のものとした）。

　　b.　All her troubles are **behind** her.

彼女のすべての困難は後ろにある（すなわち，過ぎたことである）。

1.10. 経歴

次の X **behind** Y において，X は Y が過去から積んできた経歴である。

過去に積まれた経歴

図 5

10　a.　The school welcomed him because he has 10 years of teaching **behind** him.

彼には 10 年の教育歴があるため，その学校は彼を歓迎した。

　　b.　The agency hired her because she has years of experience as a social worker **behind** her.

彼女が社会福祉士としての数年間の経歴を持っているため，その機関は彼女を採用した。

---

2. 副詞的用法

次において，**behind** は副詞として使われている。すなわち，X **behind** Y の Y
が使われない例である。図 6a は前置詞を表す。図 6b は副詞を表し，Y が点線
で示されている。

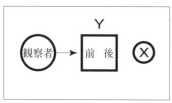

a. 前置詞

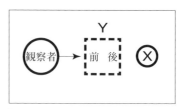

b. 副詞

図 6

2.1. 状況

次の文に暗示された Y は，話し手がいる場所か，話し手も聞き手も知っている
場所である。

---

11   a.   I stayed **behind**.

私は後に残った。

b.   If she can't go faster, leave her **behind**.

もし彼女がもっと速く行けないなら，後に残しておきなさい。

c.   I've left the key **behind**.

私は鍵を後に置いてきた。

2.2. 常識

家賃は支払いする日があり，仕事にも締め切り日がある。次の文の Y は支払い
日や締め切り日である。

12　a.　He is **behind** with his rent.

彼は家賃が（支払い日の）後ろにある（すなわち，遅れている）。

　　b.　She is **behind** with her work.

彼女は仕事が（締め切り日の）後ろにある（すなわち，遅れている）。

2.3.　文脈

次において，Y は文脈から分かる。暗示された Y は，13a では desk であり，13b では house である。

13　a.　There was a huge desk with the president sitting **behind**.

大きな机が1つあって，その後ろに大統領が座っていた。

　　b.　The house had a vegetable garden **behind**.

その家は裏に野菜畑があった。

15 BELOW

below は前置詞および副詞として使われる。まず前置詞の用法から見てみよう。

1. 前置詞的用法

X **below** Y において，X は Y の下にある。X は Y の真下にある場合もあり，斜め下にある場合もある。

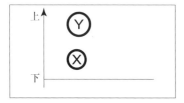

a. X が Y の真下にある関係

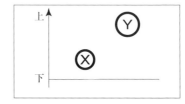

b. X が Y の斜め下にある関係

図1

1.1. X が Y の真下にある場合

次において，X は Y の下にある。

1 a. He was sitting **below** the branches of a tree.
   彼は木枝の下に座っていた。
 b. We keep our wine **below** the ground.
   私たちはワインを地下に保管する。

1.2. X が Y の斜め下にある場合

例文 1 では，X が Y の真下に来る。しかし，次のように，必ずしも X が Y の真下に来る必要はない。

> 2 | a. He waited **below** her window until she opened it.
> | 彼女が窓を開けるまで，彼は窓の下で待った。
> | b. The hut is **below** the top of the mountain.
> | その小屋は山頂の下にある。

2a において誰かが窓の真下にいることはありえず，2b においても小屋が洞窟の中にあるのでない限り山頂の真下にあることはありえない。ある垂直の基準線に照らし合わせて X が Y の下にありさえすればよい。2 は図 2 のように表せる。

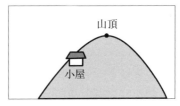

a.　人が窓の斜め下にいる関係　　　b.　小屋が山頂の斜め下にある関係

図 2

1.3.　比喩的意味

これまで見てきた空間上の上下関係は，数値や階級などにも拡大されて使われる。数値の大きいものは上，小さいものは下，階級の高いものは上，低いものは下として，概念化される。

1.3.1.　数値

次において，X の数値が Y の数値より小さい。

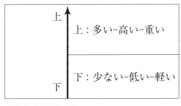

上下のメタファー

図 3

> **3** a. Children **below** the age of 16 are not allowed to see the film.
>
>   16 歳未満の子どもたちは，その映画を見ることが許されない。
>
>   b. The temperature dropped below zero.
>
>   気温が零下に落ちた。
>
>   c. Bags **below** 3 pounds can be carried in.
>
>   3 パウンド未満のかばんは手に持って入ることができる。

1.3.2. 階級

次において，X の階級が Y の階級より下にある。

> **4** a. Captain is **below** major.
>
>   大尉は少佐の下である。
>
>   b. In the British army, officers **below** the rank of major are called company officers.
>
>   イギリスの軍隊で，少佐より下の将校は尉官と呼ばれる。

1.3.3. 価値判断

below は価値判断を表すのにも使われる。上はよい方や価値の高い方，下は悪い方や価値の低い方として表現される。5a において，彼女の作品（X）が論評（Y）の下にあるというのは，論評する価値がないことを意味する。

> **5** a. Her work is **below** comment.
>
>   彼女の作品は論評する価値がない。
>
>   b. His work is **below** notice.
>
>   彼の作品は注目する価値がない。

図 4 において，Y が論評や注目をする価値のある基準であるとすれば，X はその下にあることを **below** が表す。この基準の下にあるということは論評や注目を受ける価値がないことを意味する。

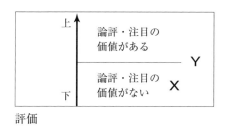

評価

図 4

2. 副詞的用法

次において，**below** は副詞として使われている。すなわち，X **below** Y の Y が使われない場合である。図 5a は前置詞を表す。図 5b は副詞を表し，Y が点線になっている。暗示された Y は文脈・状況・常識から推測できる。

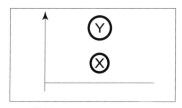

a. 前置詞

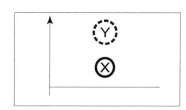

b. 副詞

図 5

2.1. 文脈

次の文の暗示された Y は文脈から推測できる。6a では丘のてっぺん，6b では建物の最上階，6c では内容が書かれた部分である。

> **6** a. From the hilltop, we saw the ocean **below**.
> 　丘のてっぺんから，私たちは眼下の大洋を見た。
> b. From the top of the building, they looked down at the city **be-low**.

建物の最上階から，彼らは眼下の都市を見下ろした。

c. Please affix your signature **below**.

下にあなたのサインを書いてください。

d. John lives on the 3rd floor, and Tom lives **below**.

ジョンは 3 階に住んでいて，トムはその下の階に住んでいる。

e. Children aged 7 and **below** pay half price.

7 歳以下の子どもたちは半額を払う。

2.2. 状況

次の文の暗示された Y は状況から推測できる。すなわち，話し手がいるところ
か住んでいるところである。

7 These people who live **below** are noisy.

（私たちの）下に住む人たちはうるさい。

2.3. 常識

次の暗示された Y は常識から推測できる。すなわち，摂氏 0 度である。

8 a. This morning the temperature dropped 15° **below**.

今朝，気温が零下 15 度に落ちた。

b. The temperature outside now is 10° **below**.

いま，外の気温は零下 10 度である。

beneath は前置詞および副詞として使われる。まず前置詞の用法から見よう。

1. 前置詞的用法

X **beneath** Y は X が Y の下にある関係を表す。

1.1. X が Y の真下

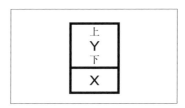

X が Y の真下にある関係

図 1

次は，X が Y の真下にある関係である。1a では重いブーツ（Y）の真下に地面（X）があり，1b では彼（Y）の真下に床・地面など（X）がある。

1	a.	As they ran, the ground shook **beneath** their heavy boots.
		彼らが駆けると，重いブーツの下で地面が揺れた。
	b.	He was lying there with nothing **beneath** him.
		彼は下に何も敷かずにそこで寝そべっていた。
	c.	She hid the bottle **beneath** the blanket.
		彼女は毛布の下に瓶を隠した。
	d.	The ground was slippery **beneath** her.
		彼女の下の地面はすべりやすかった。

1.2. X が Y の斜め下

X が Y の真下でなく斜め下であっても **beneath** と認識される。次では，X が Y の斜め下にある。

---

2 | a. We sat **beneath** a tree and had our lunch.
　　　私たちは木の下に座って昼食を食べた。
　　 b. There is a small village **beneath** the hill.
　　　丘の下に小さい村がある。
　　 c. There is a ditch **beneath** the church wall.
　　　教会の塀の下に溝がある。

---

2 に使われた X **beneath** Y の関係は図 2 のように表すことができる。X が Y の真下でなく，斜め下にある。このような関係はプロトタイプからある程度はずれるが，やはり **beneath** とみなせる。

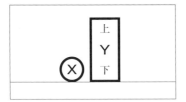
　　a.　X beneath Y

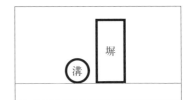
　　b.　塀の下の溝

図 2

1.3. X が Y の内側

次において，X は Y の内側にある。

---

3 | a. There are bricks **beneath** the surface of the wall.
　　　壁の内側にレンガがある。
　　 b. He wore a shirt **beneath** his coat.
　　　彼はコートの中にシャツを着ていた。

---

3 における X **beneath** Y の関係は X が Y の内側にあることを表す。これを図で表すと，次のようになる。

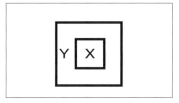

X が Y の内側にある関係

図 3

次でも，X は Y の下や内側にある。

> **4**　a.　He sensed a deep sadness **beneath** her cheerful expression.
>
> 　　　彼女の明るい表情の裏にある深い悲しみを，彼は感知した。
>
> 　　b.　There was something strange **beneath** his relaxed attitude.
>
> 　　　打ち解けた彼の態度の奥に何か不審なものがあった。

1.4.　価値判断

次において，X は注目や注意を受ける価値がない。〈よいことは上，悪いことは下〉というメタファーが適用された例である。

> **5**　a.　Such remarks are so childish that they are **beneath** notice.
>
> 　　　そんな話は，あまりにも幼稚で注目に値しない。
>
> 　　b.　Such details are **beneath** the minister's attention.
>
> 　　　そんな細かいことは，大臣が注意を払うようなことではない。

1.5.　社会階層

次では，社会階層において X は Y の下にある。

6 a. Her parents think she married **beneath** her.

彼女の親は，彼女が劣った人と結婚したと思っている。

b. That man never speaks to people **beneath** him.

その男性は自分より下の人には話をしない。

2. 副詞的用法

次において，**beneath** は副詞として使われている。すなわち，X **beneath** Y の
Y が使われない例である。図 4a は前置詞である。図 4b は副詞であり，Y は点
線で表示されている。

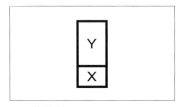

a. 前置詞

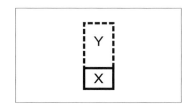

b. 副詞

図 4

次の例では，暗示された Y がどこか高いところであることが推測できる。7a の
Y は山頂であり，7b の Y は彼女のいるところである。

7 a. Looking down from the top of the mountain, he saw nothing
but desert lay **beneath**.

山頂から見下ろしたとき，彼は眼下に広がる砂漠しか見えなかった。

b. She gazed down at the river **beneath**.

彼女は眼下の川を見下ろした。

between は前置詞としてのみ使われる。

1. 前置詞的用法

X **between** Y and Z において，X が Y と Z の間にある，さまざまな関係を表す。これを図で表すと，次のようになる。

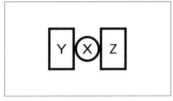

X は Y と Z の間にある

図 1

1.1. 2 つの個体の間

次の **between** は，X が Y と Z（2 人の人間や 2 つの個体）の間にあることを表している。

---

1 a. I was sitting **between** Tom and Jerry.
　　 私はトムとジェリーの間に座っていた。
　 b. A fence runs **between** our garden and the main street.
　　 私たちの庭と大通りの間に囲いがある。

次では，気温や年齢において，X が Y と Z の間にある。

2つの数値の間のある数値

図2

> **2** a. It was hot with midday temperature **between** 30°C and 36°C.
>   真昼の気温が 30 度と 36 度の間で，暑い日だった。
> b. The book is aimed at children **between** 10 and 15.
>   その本は，10 歳から 15 歳までの子ども向けだ。

1.2. 2つの時点の間の期間

次において，X は 2 つの時点の間，すなわち期間を指す。

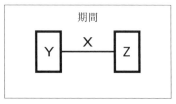

2つの時点の間の期間

図3

> **3** a. I will be busy **between** 10 and 11.
>   10 時から 11 時までの間，私は忙しいだろう。
> b. I like working **between** lunch and dinner.
>   私は昼食と夕食の間に仕事をするのが好きだ。

1.3. 2つの地点の間の距離

次において **between** は，2つの地点の間の距離や往来を表す。

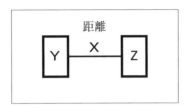

2つの地点の間の距離

図4

4 a. The journey **between** home and work usually takes an hour.
家から職場までの出勤には，普通1時間かかる。

 b. There is a good bus service **between** Tokyo and Narita.
東京と成田の間はバスの便がよい。

1.4. 分配・共有

次の X **between** Y and Z は，X が Y と Z の間で分配・共有される関係である。

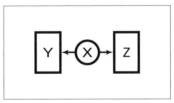

X が Y と Z の間で分配・共有される関係

図5

5 a. Share these chocolates **between** you two.
このチョコレートはあなたたち2人で分けなさい。

b. We believe **between** us that he should be sent to a boarding school.

私たちはみんな，彼が全寮制の学校に行かなければならないと信じている。

1.5. 二者択一

次の X **between** Y and Z において，X は選択することであり，その選択肢は Y と Z の 2 つである。

6　a. As for dessert, we can choose **between** ice cream and fruit.

デザートとして，私たちはアイスクリームと果物の中から選ぶことができる。

　b. Women had to choose **between** having children and having a career in the past.

かつて，女性たちは，育児とキャリアを積むことのうち 1 つを選択しなければならなかった。

18 BEYOND

beyond は前置詞および副詞として使われる。まず前置詞の用法から見てみよう。

1. 前置詞的用法

前置詞 **beyond** で重要なのは，観察者の位置である。X **beyond** Y は，観察者の位置から見て，X が Y の向こうにある関係を表す。図 1 を見ると，観察者の位置から見て X は Y の向こうにある。

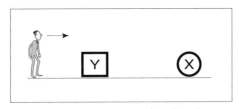

観察者から見て X は Y の向こうにある

図 1

1.1. 空間関係

1.1.1. X と Y が停止した関係
次において，X は Y の向こうにある。

1

a. He lives **beyond** the river.
  彼は川の向こうに住んでいる。
b. They lived **beyond** the lake.
  彼らは湖の向こうに住んでいた。
c. There must be a river **beyond** this mountain.
  この山の向こうに間違いなく川があるだろう。
d. Put the candle **beyond** the children's reach.
  子どもたちの手の届かないところに，ろうそくを置きなさい。

1.1.2. X が動く関係

次の文は，X が動いて Y を越える場合である。次の 2b では，彼（X）が歩いて門（Y）を通過する。

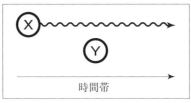

X が Y を越える

図 2

> **2** | a. The train goes **beyond** Ueno.
> その列車は上野を通過する。
> b. He walked **beyond** the gate.
> 彼は歩いて門を通過した。
> c. The ship disappeared **beyond** the horizon.
> その船は水平線の向こうへ消えた。

1.2. 比喩的意味

1.2.1. 特定分野の範囲外

次において，X（任務，仕事）が Y（パソコンや技術，教育）の領域・範囲を超える。

> **3** | a. My duty at the department goes **beyond** computers and technology.
> その部署での私の任務はパソコンや技術の領域を超えている。
> b. My job goes **beyond** just teaching.
> 私の仕事は単純な教育の範囲を超える。

1.2.2. 時間の範囲外

これまでに見てきた空間関係は時間関係にも拡大されて使われる。次において，X は Y の時間の範囲を超える。

---

4 a. He stayed out **beyond** the usual hour.
普段の帰宅時間をかなり過ぎても，彼はまだ外にいた。

b. He stayed out **beyond** the period of her welcome event.
彼女の歓迎イベントの期間を過ぎても，彼はずっととどまった。

c. He lived **beyond** 90 years of age.
彼は 90 歳より長く生きた。

d. Many people want to work **beyond** the retirement age.
多くの人たちは定年を過ぎても働きたがっている。

4a において，普段の帰宅時間が夜 10 時であれば，彼は 10 時過ぎまで外にいたという意味である。4b において，歓迎イベントの期間が 3 日間であれば，この期間を過ぎてまで彼がとどまったという意味である。

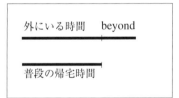

a. 普段の帰宅時間を超えて外にいる関係

b. 歓迎イベントの期間を超えて滞在する関係

図 3

1.2.3. 認識・制御・理解の範囲外

次において，X（変化・愛・問題）は Y（認識・制御・理解）の範囲を超えている。つまり，認識・制御・理解ができないという意味である。

5　a.　The situation has changed **beyond** recognition.

認識の範囲を超えて状況が変わった（すなわち，認識できない）。

　　b.　Love is **beyond** all human control.

愛はあらゆる人の制御を超えるものである（すなわち，制御できない）。

　　c.　The problem is **beyond** comprehension.

その問題は理解の範囲を超えている（すなわち，理解できない）。

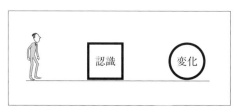

認識の範囲を超えた変化

図 4

1.2.4.　希望・能力・疑念の範囲外

次において，X（病状・仕事・正当性）は Y（希望・能力・疑念）の外にある。

6　a.　She is quite **beyond** hope of recovery.

彼女は回復の希望の向こうにいる（すなわち，回復できない）。

　　b.　The work is **beyond** his powers.

その仕事は彼の能力の外にある（すなわち，できない）。

　　c.　He is right. That is **beyond** doubt.

彼が正しい。そのことは疑念の範囲を超えている（すなわち，疑う
余地がない）。

1.2.5.　理解・能力の範囲外（メトニミー的表現）

次の 7a において，the book と the child はメトニミー的に使われている。the
book は本の水準であり，the child は子どもの理解能力である。**beyond** は，本
の水準が子どもの理解能力を超えている関係を表す。

7	a.	The book is **beyond** the child.
		その本は子どもの理解能力を超えている。
	b.	The explanation is **beyond** the students.
		その説明は学生たちには理解できない。
	c.	The problem is **beyond** me.
		その問題は私には解けない。
	d.	The task is **beyond** me.
		その仕事は私にはできない。
	e.	It is **beyond** me why he did not succeed.
		なぜ彼が成功できなかったのか，私には理解できない。
	f.	It is **beyond** the child how the magician did the trick.
		そのマジシャンがどのようなトリックを使ったのか，子どもには分からない。

子どもの理解能力を超えた本

図 5

2. 副詞的用法

X **beyond** Y の Y がない場合，**beyond** は副詞である。図 6a は前置詞である。図 6b は副詞であり，Y は点線で表示されている。

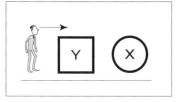

a. 前置詞

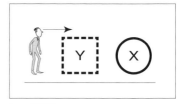

b. 副詞

図6

暗示された Y は，8a では白い家であり，8b ではパリである。

---

8 a. My friend lives in that white house and I live **beyond**.
私の友だちはあの白い家に住んでいて，私はその向こうに住んでいる。

b. The town I am talking about is not near Paris. It is far **beyond**.
私が話している町は，パリの近くではなく，パリのはるか向こうにある。

c. What changes will await us in the year 2050 and **beyond**?
2050 年以降にどんな変化が私たちを待っているだろうか。

---

3. 他の前置詞との比較

---

9 a. There is a waterfall **beyond** the bridge.
その橋の向こうに滝がある。

b. There is a waterfall **above** the bridge.
その橋の上流に滝がある。

前置詞 **beyond** が使われると，橋から滝まで遠いことが暗示される。一方，前置詞 **above** は，橋を基準として見た滝の位置が川の上流であることを表す。

19 BY

by は前置詞および副詞として使われる。まず前置詞の用法から見てみよう。

1. 前置詞的用法

1.1. X が Y の影響圏内

X **by** Y において，X は Y の影響が及ぶところにあり，図 1 のように表せる。

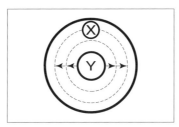

X が Y の影響圏内にある関係

図 1

以下，影響を表す Y の種類によって **by** を見てみる。

1.1.1. 熱・風・光など

次では，Y の出す熱・風・光などの影響圏の中に X がある関係を **by** が表す。

---

1 a. He sat **by** the stove.
  彼はストーブのそばに座った。
  b. He has a nice house **by** the river.
  彼は川の近くによい家を持っている。
  c. It is difficult to read **by** candlelight.
  ろうそくの明かりで本を読むのは難しい。

1a ではストーブの熱が及ぶところ，1b では川風の吹くところに X があることを表す。1c は，ろうそくの明かりで本を読む関係を表す。

1.1.2. 掛け算・割り算

次は，横×縦または幅×長さで広さや大きさを表す。

---

2 a. The floor is four yards **by** three yards.

そのフロアは，横 4 ヤード，縦 3 ヤードである。

b. I want a piece of wood five feet **by** twelve feet.

私は，幅 5 フィート，長さ 12 フィートの木片が欲しい。

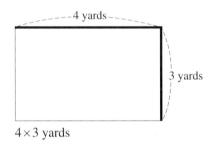

4×3 yards

図 2

by は，掛け算では X に Y を掛け，割り算では X を Y で割ることを表す。

---

3 a. 3 multiplied **by** 3 is 9.

$3 \times 3 = 9$

b. 15 divided **by** 3 is 5.

$15 \div 3 = 5$

1.1.3. 反復

「名詞 **by** 名詞」で反復の意味を表す。

---

4 a. Day **by** day she grew stronger.

日一日と，彼女はどんどん丈夫になった。

b. He ate the cake bit **by** bit.

彼はケーキを少しずつ食べた。

c. We advanced step **by** step.

私たちは1歩ずつ進んだ。
d. The company gets bigger year **by** year.
その会社は年々大きくなっている。

4a では一日が終わるとまた一日が始まるという反復の意味であり，4b では少し口に入れたものが喉元を過ぎるとまた少し口に入れるという反復の意味である。4c でも1歩進むとまた1歩進むという反復の意味である。

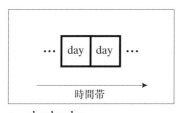

a. day by day

b. step by step

図3

---

5 a. Here the river, the railway, and the road run side **by** side.
ここは，川，鉄道，道路が並んで伸びている。
b. I was running side **by** side with him.
私は彼と並んで走っていた。

5a を図で表すと，図4のとおりである。川の横に鉄道があり，鉄道の横に道路がある。

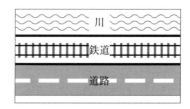

図4

1.1.4. 規則・約束
次の X **by** Y において，X は Y（規則・約束）の影響圏の中にある。

6 a. You must abide **by** the rules of the club.

みなさんは，クラブの規則を守らなければならない。

b. Do you always stick **by** your promises?

あなたはいつも約束を守りますか。

1.2. XがYによって動く関係

次のX **by** Yにおいて，過程XがYによって起きる。以下，Yの性質によっていくつかに分類してみる。

1.2.1. 力・手段

次において，過程XがYの力や手段によって成立する。

7 a. The train goes **by** electricity.

その列車は電気の力で動く。

b. He traveled **by** land/air/sea.

彼は{陸路で / 空路で / 海路で}旅行した。

c. We sent the parcel **by** post.

私たちは郵便で小包を送った。

d. The group travelled **by** bus/train/plane.

その団体は{バスで / 列車で / 飛行機で}旅行した。

e. John pays his bills **by** check.

ジョンは小切手で支払いをする。

1.2.2. 首筋・手・柄

次のX **by** Yにおいて，過程XはY（首筋・手・柄）に加えられた力によって生じる。

8 a. I caught him **by** the neck.

私は彼の首筋をつかんで捕まえた。

b. She led the boy home **by** the hand.

彼女はその少年の手を取って家に連れていった。

c. The boy held the hammer **by** the handle.

その少年はハンマーの柄を握って持ち上げた。

1.2.3. 受身文

次の文は受身文であり，これらの文の表す過程 X は Y によって起きる。

9
a. The picture was taken **by** John.

その写真はジョンによって撮られた。

b. His house was built **by** the company.

彼の家はその会社によって建てられた。

c. He was tired out **by** his long walk.

彼は長い散歩でへとへとになった。

1.2.4. 容姿・名前・慣習

次の X **by** Y においては，X（認識・判断の過程）が Y（容姿・名前・慣習）の力によって成り立つ。

10
a. I recognized him **by** his beard.

私はひげを見て彼だと分かった。

b. I know him **by** name.

私は彼の名前だけは知っている。

c. We judge him **by** our customs.

私たちは慣習に従って彼を判断する。

1.2.5. 再帰代名詞

次の X **by** Y の Y には再帰代名詞が使われており，主語と Y が同一人物を指す。このような文は，主語が自分自身（Y）で活動 X をすることを表す。

11

  a. She lives **by** herself.

      彼女は1人で暮らしている。

  b. I hate eating **by** myself.

      私は1人で食べるのが嫌いだ。

次の文も，主語が自分自身（Y）で活動Xをすることを表す。

12

  a. Did you put all the shelves up **by** yourself?

      あなたが1人でそれらの棚を取り付けたんですか。

  b. She changed the flat tire all **by** herself.

      彼女は1人でパンクしたタイヤを交換した。

  c. Why did you go **by** yourself?

      どうしてあなた1人で行ったの。

1.2.6.　国家・家族・ルール

次において，過程Xが国家・家族・ルールなどのYの影響下で生起する。

13

  a. He did his duty **by** his country.

      彼は国家に対する義務を履行した。

  b. He did his best **by** his family.

      彼は家族に対して最善を尽くした。

  c. They played **by** the rules.

      彼らはルールに則って試合をした。

1.2.7.　錯誤・過失

次のX **by** Yにおいて，過程Xが錯誤・過失などのYによって発生する。

14

  a. I came here **by** mistake.

      私は間違ってここに来た。

  b. She stepped on his toe **by** accident.

彼女は誤って彼の足の指を踏んでしまった。

14a で私がここに来たのは錯誤によるもので，14b で彼女が彼の足の指を踏んだのは過失によるものであることを表している。

1.2.8. 本性・出生・職業
次の X **by** Y においては，X（属性・資格）が Y（本性・出生・職業）の影響で決定される。

15
a. Tigers are cruel **by** nature.
虎は本性において残忍だ。
b. He is an Englishman **by** birth.
彼は出生においてイギリス人である。
c. He is a carpenter **by** trade.
彼の職業は大工である。

1.2.9. 差
次の X **by** Y において，X（勝敗，身長の高低）が Y（その差）によって決定される。

16
a. Our team won **by** two goals.
私たちのチームは 2 点差で勝った。
b. We lost the game **by** 9 points.
そのゲームで，私たちは 9 点差で負けた。
c. John is taller than I am **by** two inches.
ジョンは私より 2 インチ背が高い。

16a では 2 点差が勝負を決定し，16b でも 9 点差が勝負を決定する。16c でも差があってこそ身長の高低が決定される。

1.2.10. 取引・授受の単位

次の X **by** Y においては，X（取引・授受）が Y（一定の単位）でなされる。

17

a. Butter is sold **by** the pound.
　バターはパウンド単位で売られる。

b. The cloth is sold **by** the yard.
　その布はヤード単位で売られる。

c. They gave us apples **by** the basketful.
　彼らはかご単位でリンゴを私たちにくれた。

d. I get paid **by** the week.
　私は週単位で給料をもらう。

17a・17b は，バターの売買がパウンド単位でなされること，布の売買がヤード単位でなされることを表す。17c・17d は，リンゴの授受がかご単位でなされること，給料の授受が週単位でなされることを表す。

1.2.11. 承認・許可

次の X **by** Y において，X（承認・許可）が Y（ある人）によってなされる。

18

a. A: Shall we have lunch now?
　　いま，昼食にしましょうか。
　 B: It is Okay **by** me.
　　私はいいですよ。

b. A: Shall we go out now?
　　いま，出かけましょうか。
　 B: It is fine **by** me.
　　私はいいですよ。

1.3. 時間

1.3.1. 期限

次の X **by** Y において，過程 X がある時点 Y 以前に終わる。図 5 の波線は過程であり，ある時点 Y 以前に終わる。

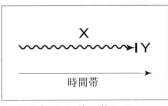

ある時点 Y 以前に終わる

図 5

---

19 a. Can you finish the work **by** tomorrow?
あなたはその仕事を明日までに終わらせることができますか。

b. Be here **by** 10 o'clock tomorrow.
明日 10 時までにここに来てください。

c. They were tired out **by** evening.
彼らは夜までに疲れてしまった。

d. Term papers must be turned in **by** Friday.
期末レポートは金曜日までに提出しなければいけません。

1.3.2. 昼夜

次の X **by** Y において，過程 X が Y（昼夜）の影響，例えば昼の明るさや夜の暗さなどの影響を受ける。

---

20 a. These small animals sleep **by** day and hunt **by** night.
これらの小動物は，（明るい）昼に寝て，（暗い）夜に狩りをする。

b. The enemy attacked **by** night.
敵は（暗い）夜を利用して攻撃してきた。

1.4. 移動動詞

次の X **by** Y において，移動体 X が Y の近くを通り過ぎる。

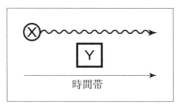

X が Y の近くを通過する

図 6

---

21 a. The parade marched **by** the school.
その行列は学校のそばを通り過ぎた。
b. The ship sailed **by** the Statue of Liberty.
その船は自由の女神像のそばを通り過ぎた。
c. The mailman went **by** our house without stopping.
郵便配達員は止まらずに私たちの家のそばを通り過ぎた。

---

2. 副詞的用法

X **by** Y の Y がない場合，**by** は副詞である。図 7a は前置詞を表す。図 7b は副詞を表し，Y は点線で表示されている。暗示された Y は文脈・状況・常識から推測される。

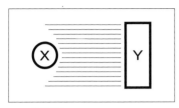
a. 前置詞

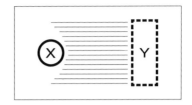
b. 副詞

図7

2.1. 状況

次に暗示された Y は状況から推測できる。すなわち，話し手や聞き手の位置である。

22
a. He walked **by** without noticing me.
　彼は私に気づかず（私の）横を歩いて通り過ぎた。
b. Do it when nobody is **by**.
　（あなたの）そばに誰もいないとき，それをしなさい。

次でも，暗示された Y は話し手の位置である。

23
a. Drop **by** any time you are in town.
　町に来たら，いつでも（うちに）寄りなさい。
b. Stop **by** for a drink tonight.
　今夜，（うちに）飲みに来てください。
c. We watched the soldiers as they passed **by**.
　軍人たちが（私たちの）そばを通り過ぎるとき，私たちは彼らを見た。
d. My friend came **by** just as we were talking about him.
　私たちが友だちの話をしているとき，ちょうど彼が（私たちの）そばに来た。

2.2. 文脈

次に暗示された Y は文脈から推測できる。

24　a.　10 years has passed **by** since we graduated.
　　　　　私たちが卒業してから 10 年が（私たちの）傍らを過ぎた。
　　　b.　After an hour had gone **by**, we decided to go to bed.
　　　　　1 時間が（私たちの）傍らを過ぎた後に，私たちは寝ることにした。

24a では we という言葉が言及されているので **by** の目的語は us であり，24b でも we という言葉が言及されているので **by** の目的語は us であることが分かる。
　次に暗示された Y は主語自身である。

25　a.　He has some money laid **by** for his old age.
　　　　　彼は老後のために若干のお金を貯めてある。
　　　b.　I have some money put **by** to buy that.
　　　　　私はそれを買うために若干のお金を貯めてある。

3.　他の前置詞との比較

3.1.　by と on

交通手段は **by** や **on** で表現されうる。

26　a.　He often travels **by** train.
　　　　　彼はよく列車で旅行する。
　　　b.　He came **on** the train.
　　　　　彼は列車に乗って来た。

同じ列車であっても私たちがどの側面に関心を持つかによって異なる前置詞が使われる。列車を抽象的な動力源と見る場合には **by**, 列車を私たちの体が行き着く

1

1

1

function

1

function

function

場所と見る場合には **on** が使われる。

次の 2 つの文も見てみよう。

> **27** a. He has a house **by** the river.
> 　　　 彼は川のほとりに家を持っている。
> 　　 b. He has a house **on** the river.
> 　　　 彼は川のほとりに家を持っている。

27 の 2 つの文はどちらも，彼が川のほとりに家を持っていることを表す。しかし，**by** が使われた 27a では家が涼しい風や霧など川の影響を受けている点が強調され，**on** が使われた 27b では家が川に接している点が強調される。

3.2. **by** と **with**

> **28** a. He was beaten **by** his father.
> 　　　 彼は父親に殴られた。
> 　　 b. He was beaten **with** a stick.
> 　　　 彼は棒で叩かれた。

28a における **by** は行為者を，28b における **with** は道具を表す。

20 DOWN

down は前置詞および副詞として使われる。まず前置詞の用法から見てみよう。

1. 前置詞的用法

1.1. 下降

X down Y は，X が Y の高いところから低いところへ動く関係を表す。図 1 は，時間が経つにつれて，X が高いところから低いところへ動くことを表す。

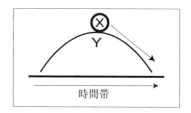

図 1

以下において，自動詞文と他動詞文に分けて前置詞 **down** を考察してみよう。

1.1.1. 自動詞

次の例で **down** は自動詞と一緒に使われている。

---

1 a. The ball rolled **down** the roof.
　　　　ボールが屋根を（傾斜に沿って）転がり落ちた。
　　b. He fell **down** the stairs.
　　　　彼は階段を転がり落ちた。
　　c. Santa Claus comes **down** the chimney.
　　　　サンタクロースは煙突を伝って下りる。
　　d. The tears ran **down** her face.
　　　　彼女の顔を伝って涙が流れ落ちた。

1a ではボールが屋根を転がり落ち，1b では彼が階段を転がり落ち，1c ではサンタクロースが煙突を伝って下り，1d では涙が彼女の顔を伝って流れ落ちることを，**down** が表す。

　川・海・道なども Y になりうるが，これらは山や階段のように上下が明確に区別されない。しかし，川の場合，流れの始まる方が上で，その反対側が下である。海の場合，北が上で，南が下である。道の場合，中心地や話し手のいるところが上，その反対側が下である。

---

2 a. We sailed **down** the China Sea.
　　 私たちはシナ海の南へ航海した。
　 b. He drifted **down** the river.
　　 彼は川下に流された。
　 c. He walked **down** the road.
　　 彼は道沿いに下っていった。

1.1.2. 他動詞

次の例で，**down** は他動詞と一緒に使われている。

---

3 a. We rolled the rock **down** the hill.
　　 私たちは，岩を丘の下へ転がした。
　 b. They carried the wounded man **down** the mountain on a stretcher.
　　 彼らは負傷者を担架に載せて山の下へ運んだ。

3a では岩が丘の高いところから低いところへ，3b では負傷者が山の高いところから低いところへ動くことを，**down** が表す。

1.2. be 動詞

次の例では，be 動詞が **down** と一緒に使われている。be 動詞は，場所の移動を表す移動動詞（come, go, run, …）とは異なる。X be **down** Y は，X の移動

を表すのではなく，X が移動した結果として，Y の下に位置していることのみ表す。このとき，X の位置は話し手の位置に照らして把握される。

---

4 a. Our boat is **down** the river.
　　　私たちの船は川下にある。
　　b. Our house is **down** the street.
　　　私たちの家はその道の下にある。
　　c. The deer are **down** wind, so they will smell us in a moment.
　　　鹿たちは風下にいるので，すぐに私たちの匂いをかぐだろう。

---

4 の例文は，図 2 のように表すことができる。

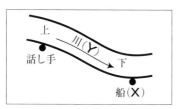

a.　船の位置

b.　家の位置

図 2

4a では，川上に話し手がいて，川下に船がある。4b では，道のどこかに話し手がいて，そこから離れたところに家がある。4c では，風上に話し手がいて，風下に鹿がいる。

　前置詞 **down** の一般的な意味を，要約してみよう。X **down** Y は，X が Y の高いところから低いところへ移動することや，X が Y の低いところにあることを表す。

2.　副詞的用法

次において，**down** は副詞として使われている。すなわち，X **down** Y の Y が使われていない。この場合，Y は文脈・状況・常識などから推測される。図 3 は副詞 **down** を表し，Y が点線で表示されている。

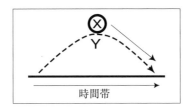

図3

副詞 **down** は，「下へ」という意味ではなく，次のような動詞の意味に近い。

1. **低める。落とす。**
   声を落としてください。
2. **降りる。降ろす。**
   私は学校の前でバスを降りた。
   車掌が駅で乗客を降ろした。
   この箱をここに下ろしておきなさい。
3. **減る。減らす。**
   川の水が減った。
   その論文を短くして（分量を減らして）ください。

2.1. 姿勢の変化

まず，私たちの体の姿勢から，**down** の意味を見てみよう。

2.1.1. 自動詞文
次の文では，主語 X が高い姿勢から低い姿勢になる。

5 | a. Sit **down** and have some tea.
座って少しお茶でもお飲みください。
b. Lie **down** if you feel tired.
お疲れでしたら，横になってください。
c. I thought I heard a mouse under the bed and got **down**.
ベッドの下でネズミの声がすると思って，私は身をかがめた。

立った姿勢から座れば頭の高さが低くなり，座った姿勢から横になれば頭の高さが低くなる。また，立った姿勢や座った姿勢から横たわっても頭の高さが低くなる。このような共通点があるので，例文5のすべての場合に **down** が使われる。例文5における X の動きは，図4のように表される。

a. 立った姿勢から座った姿勢へ

b. 立った姿勢から横たわった姿勢へ

図4

2.1.2. 他動詞文

自動詞文では主語が X である。一方，他動詞文では目的語が X になる。例文6では文の目的語 X（彼，対戦相手）が立った姿勢から倒れることを，**down** が表す。

---

6 a. A bus knocked him **down**.
   バスが彼をはねて倒した。
b. The boxer knocked his opponent **down**.
   ボクサーが対戦相手を殴り倒した。

次の文の **down** も，他動詞の目的語 X が高いところから下降する関係を表す。

---

7 a. He drew the blinds **down** to cut the direct rays of the sun.
   彼は直射日光を避けるためにブラインドを下げた。
b. I took a novel **down** and opened it at random.
   私は1冊の小説を取り出して適当に開いた。
c. The hem of your dress needs to be let **down** an inch.
   あなたの服の裾は1インチ下げないといけません。
d. The crowd ripped the posters **down**.
   群衆がポスターを破り捨てた。

2.2. 横転

以下，**down** の表すいくつかの関係を見てみよう。まっすぐ立っていた木が切られたり倒れたりすると，低くなる。

> **8** a. The line of poplars was hewn **down**.
>   ポプラ並木が切り倒されていた。
> b. All the apple trees were cut **down**.
>   すべてのリンゴの木が切り倒された。

2.3. 崩壊

立っていた建物などが壊されたり燃えたりすると，低くなったりなくなったりする。例えば，立っていた壁が壊れれば低くなり，立っていたまき小屋や家が焼け落ちたり壊れたりすれば低くなったり消失したりする。

> **9** a. Firemen had to break the wall **down** to get to the families on the ground floor.
>   地下に閉じ込められた家族に近づくために，消防士たちは壁を壊さなければならなかった。
> b. The woodshed burnt **down** in half an hour.
>   まき小屋は 30 分ほどで焼け落ちた。
> c. Why did they pull all the houses **down**?
>   どうして彼らはすべての家を壊してしまったんだろう。

2.4. 地面・水面への移動

いままで見てきた X はすべて，地面に達している場合であった。しかし X は，空中から地面や水面へ下りることもあり，地面や水面から地中や水中へ下りることもある。まず，空中から地面や水面へ下りる場合を見てみよう。

10	a.	He put the glider **down** on the cornfield.
		彼はトウモロコシ畑にグライダーを着陸させた。
	b.	He shot a fighter **down** with a machine gun.
		彼は機関銃で戦闘機を撃ち落とした。
	c.	We were forced to come **down** on the sea.
		私たちは海に不時着せざるをえなかった。

例文 10 では，飛行機のように空中にあったものが地面や水面に下りる。つまり，高いところから低いところへの動きがあるので，**down** が使われている。

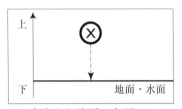

a. 空中から地面・水面へ

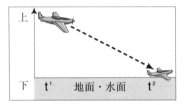

b. 飛行機が空中から地面・水面へ下りる関係

図 5

2.5. 地中・水中への移動

X が地面や水面から地中や水中へ動く場合を見てみよう。

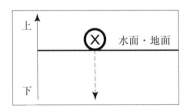

図 6

11	a.	The sun went **down**.
		日が沈んだ。
	b.	The ship struck a hidden reef and went **down**.

船が暗礁にぶつかって沈んだ。

c. Our car bogged **down** in the thick mud.

私たちの自動車がぬかるみにはまった。

11a では太陽が地平線や水平線の向こうへ，11b では船が水中へ，11c では自動車（のタイヤ）が地中へ移動する。

また，次のように水面が低くなる場合にも，**down** が適用される。

---

12 a. The level of the lake is **down** several feet.

湖の水面が何フィートか下がっている。

b. The tide was **down** when we got back.

私たちが戻ってきたとき，潮が引いていた。

---

12 では，X（水面）が Y（元の位置）から低い位置へ下がることを **down** が表す。

2.6. 抑止

以上で，X が高いところから低いところへ動く関係が **down** で表現されることを見てきた。ところで，X には上へ動こうとする潜在的な力があるが，下から引っ張る力が作用し，そのまま下にあるという関係も，**down** で表される。例えば，風船は放っておけば上昇しようとするが，それを上昇しないように下から引っ張る場合である。

---

13 We held the balloon **down** till we were ready to let it go.

風船を飛ばす準備ができるまで，私たちはそれをつかんで飛ばないようにした。

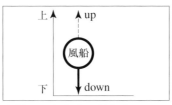

上昇しようとする風船を下から
引っ張る関係

図 7

2.7. 北から南への移動

これまで見てきた Y は（明示されるにしても暗示されるにしても）上下の区別
が明らかであったが，次に見る場合には Y がほとんど水平に近い。しかし，こ
の場合にも上下が決まる。つまり，北は上，南は下とみなされる。

---

14 a. I live in Fukuoka, but I always go **down** to Miyazaki for my summer holidays.
私は福岡に住んでいるが，夏休みを過ごすためにいつも宮崎へ下る。

b. John is **down** in Busan just now.
ジョンはいま，釜山に下っている。

2.8. 首都圏から地方都市への移動

次において **down** は，首都圏から地方都市へ動く関係を表す。

---

15 a. Smith isn't at Seoul any longer. He went **down** several months ago.
スミスはもうソウルにいない。何か月か前に田舎へ下っていった。

b. John is **down** at Osaka. He went **down** from Tokyo on Friday.
ジョンは大阪に下っている。彼は金曜日に東京から下っていった。

---

3. 慣用的表現

以上において，**down** は X が空間の中で上から下へ動く関係を表すことを見た。このような空間関係は，減少，敗北，抑圧，固定，停止，記録，除去，消化，軽蔑，時間の流れなどを表すのにも使われる。

　以下では，動詞を意味的に分類し，**down** がこれらの動詞と一緒に使われるときに持つ意味を見ることにする。

3.1. 減少

3.1.1. 大きさの減少

以下に列挙された動詞はすべて，ある個体の全体から一部を切ったり削ったりくり抜いたりすることを表す。このような力が加えられれば，その個体は小さくなる。**down** は，このような大きさの減少を表す。

16				
	chop	みじん切りにする	cut	切る
	pare	（皮を）むく	plane	（かんなで）削る
	saw	（のこぎりで）切る	shave	（カミソリで）そる
	slice	薄切りにする	whittle	少しずつ削る

16 の動詞は次のように使える。

17	a.	He cut **down** the trousers.
		彼はズボンを短く切った。
	b.	He sawed **down** the stick.
		彼はのこぎりで棒を切って短くした。
	c.	He pared **down** the potatoes.
		彼はジャガイモの皮をむいて小さくした。
	d.	He whittled **down** the rock.
		彼は岩を少しずつ削って小さくした。

17a ではズボンの長さが，17b では棒の長さが短くなることを，**down** が表す。そして，17c ではジャガイモの大きさが，17d では岩の大きさが小さくなることを，**down** が表す。

3.1.2. 数量の減少
次の動詞が **down** と一緒に使われると，数量が減少する関係を表す。

18	boil	沸かす	bring	持ってくる
	mark	表示する	play	行動する
	pull	引く	scale	（比率に応じ）調整する
	take	持っていく	tone	音色・色調を合わせる
	turn	回す	water	（濃度を）合わせる

18 の動詞と **down** が一緒に使われると，これらの動作によってある個体の数量などが減ることを表す。次の例を見てみよう。

19	a.	He boiled **down** the story.
		彼は話を短くまとめた。
	b.	He marked **down** the prices.
		彼はその価格を下げた。
	c.	The teacher's salary was scaled **down**.
		教師の月給が低く調整された。
	d.	She tried to play **down** her part in the affair.
		彼女はその事件における自分の役割を軽くしようとした。

19a では話の長さが短くなり，19b では価格が下がり，19c では月給が低くなり，19d では事件における役割などが軽くなることを，**down** が表す。

18 の動詞は，**down** だけでなく，対義語 up とも一緒に使える。動詞自体は中立的なので，高い結果を表すのにも低い結果を表すのにも使える。

20	a.	He turned **down** / up the radio.
		彼はラジオの音を {下げ / 上げ} た。

b. The price must be marked **down** / up.

その価格は{下げ / 上げ}られなければならない。

c. His salary must be scaled **down** / up.

彼の月給は{下げ / 上げ}られるべきだ。

3.1.3. 程度の減少

次の単語は程度が低い / 低くなるという意味を内包する形容詞・動詞であり，**down** と一緒に使われて程度が低くなった結果の状態を表す。

21	calm	落ち着かせる	cool	冷やす
	quiet	静かになる	slim	体重を減らす
	slow	遅らせる	thin	やせる

21 の動詞は次のように使われる。

22	a.	He slowed **down** the car.
		彼は車の速度を落とした。
	b.	At last the wind quieted **down**.
		ようやく風が収まった。
	c.	You've slimmed **down** quite a lot.
		あなたは体重がすごく減ったんだね。
	d.	Jane has thinned **down** a lot since last year.
		ジェーンは去年から体重がかなり減った。

3.1.4. quiet と quiet down の違い

動詞 quiet だけが使われた場合は過程を表し，動詞 quiet と **down** が一緒に使われた場合は結果の状態を表す。次の2つの文を比較してみよう。

23	a.	The mother quieted the baby.
		母親が赤ちゃんを落ち着かせた。
	b.	The mother quieted the baby **down**.

母親が赤ちゃんを落ち着かせて，赤ちゃんが落ち着いた。

23a では動詞だけが使われており，母親が赤ちゃんを落ち着かせた過程のみ表現されている。一方，23b では動詞と **down** が使われており，母親が赤ちゃんを落ち着かせた結果として赤ちゃんが落ち着いている状態を表す。

　以上，大きさ・数量・程度が減少する，**down** の関係を見た。この関係は次のように図で表すことができる。

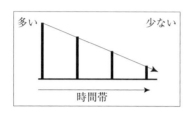

図 8

3.2.　敗北

競争や競走などにおいては勝者と敗者がいるものであり，力の強い勝者は上へ，力の弱い敗者は下へ行く。このことから，**down** が敗者を表すようになる。**down** が次の動詞と一緒に使われると，X が下にあること，すなわち負けたことを表す。

24	beat	叩く	face	向き合う
	row	櫓をこぐ	spell	スペリング競争をする
	vote	投票する		

24 の動詞は次の例のように使われる。

25	a.	The team beat our team **down**.
		そのチームは私たちのチームに打ち勝った。
	b.	Our team spelled them **down** in the spelling contest.
		私たちのチームはスペリングコンテストで彼らに勝った。

c. They voted him **down**.
彼らは投票をして彼を負かした。

3.3. 抑圧

風船は風があれば上昇しようとする潜在的な力があり，これを引っ張って上がらないようにする関係も，**down** で表されることはすでに見た。上がろうとする潜在的な力を持つものには抽象的なもの，すなわち，物価，怒り，感情などもある。このような抽象的な力が上昇しようとするとき，これに対抗する力を加えて上がらないように押さえつける関係の場合にも，**down** が使われる。

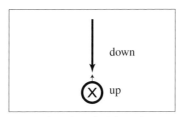

上がろうとする力を押さえつける関係

図9

次の動詞は他動詞で，目的語 X は上昇しようとする傾向がある。その力に対抗して主語が押さえつける力を加える過程を，**down** が表す。このように，**down** は抑圧を表すのに多く使われる。

26				
	bring	持ってくる	check	抑制する
	fight	戦う	hold	持つ
	keep	維持する	live	生きる
	run	動く	put	置く

次の 27 で，26 の動詞がどのように使われるかを見ることができる。

27	a.	He fought his anger **down**.
		彼は努めて自分の怒りを抑えた。

b. The child could not keep **down** his anger.

その子どもは自分の怒りを抑えることができなかった。

c. He is trying to live his past **down**.

彼は生きていくなかで自分の過去を忘れようと努力している。

d. The army put **down** a rebellion.

軍隊が反乱を鎮圧した。

27a・27b で，怒りは込み上げる性質があるものとして概念化されている。27c のように，過去の記憶も下から上がってくる。考えが浮かんでくるのを妨げるのも，**down** である。27d において，反乱は下から上に向かって起きるもので，これを鎮圧するのは **down** である。

3.4. 固定

移動体が上から下に達すると，この移動体は動かなくなる。この動かない状態は，固定の概念と結びつく。

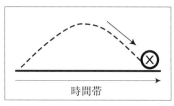

down: 固定

図 10

28 の動詞が **down** と一緒に使われると，動いたり浮かんでいたりした事物が固定されることを表す。

28	clamp	留め金で固定する	glue	のりづけする
	gum	ゴムで固める	hammer	ハンマーで叩く
	lash	縄で縛る	nail	釘を打つ
	paste	のりで貼る	peg	釘を打つ

pin	ピンで刺す	tack	画鋲で固定させる

次の2つの文を比較してみよう。

29	a.	He glued the paper.
		彼は紙をのりづけした。
	b.	He glued **down** the paper.
		彼はのりをつけて紙を固定させた。

29a には動詞 glue だけが使われ，29b には動詞 glue と **down** が使われている。動詞だけ使われた場合，誰かがのりづけする過程のみ表す。一方，**down** が一緒に使われた場合，the paper がどこかに固定されたという意味も含まれる。

　次の例文でも，動詞は過程のみ表し，**down** は固定された状態を表す。

30	a.	He nailed **down** the lid.
		彼は釘を打って蓋を固定させた。
	b.	He bolted the door **down**.
		彼はかんぬきをかけてドアが動かないようにした。
	c.	He fastened **down** the cover.
		彼は縛りつけてカバーが動かないようにした。

3.5. 停止

移動体が下りてきて地面に達すれば，移動が停止する。この関係は，生命の停止や活動の停止を表すのにも使える。次のような動詞と一緒に使われると，停止を表す。

31	break	壊す	close	閉める
	gun	銃撃する	howl	吠える
	shoot	撃つ	shut	閉じる
	speak	話す	yell	叫ぶ

次の例は，主語がする過程の結果として目的語が停止状態に至ることを表す。

32　a.　The rifleman shot **down** the eagle.

猟師がワシを撃ち落とした。

　　b.　The gunman gunned **down** the rascal.

ガンマンが悪漢を撃ち殺した。

32a で，空中にいた鳥が下へ落ちることは，銃弾に当たると同時に停止状態に至ったことを意味する。32b で，立っていた人が倒れることは，銃弾に当たると同時に停止状態に至ったことを暗示する。このような場合，死を意味しうる。

　停止状態は，生命体にのみ適用されるのではなく，非生命体にも適用される。時計，自動車，その他の機械などは動くので，停止しうる。さらには，社会活動や行事のようなものも停止しうる。

33　a.　His car broke **down** yesterday.

彼の自動車は，昨日故障した。

　　b.　My watch has run **down**.

私の時計は故障して動かない。

　　c.　The police closed **down** the shop.

警察がその商店を廃業させた。

　　d.　The politician began to speak, but he was yelled **down**.

その政治家は演説を始めたが，怒号によって中断されてしまった。

---

down は，33a・33b では自動車や時計が故障した状態を表し，33c では商店の営業活動が停止されること，33d では政治家の演説が中断されることを表す。

3.6.　記録

次の動詞はすべて書くことを表す。これらが **down** と一緒に使われると，単語，考えたことや感じたことなどが紙の上に固定されるものとして概念化される。

34	copy	コピーする	jot	簡単にメモを取る
	note	メモする	put	書き留める
	scribble	なぐり書きする	write	書く

34 の copy，scribble，write は，次のように使われる。

35	a.	The reporter copied **down** every word the minister uttered.
		記者は大臣の一言一句を記録した。
	b.	He scribbled **down** the license number.
		彼は免許証番号をなぐり書きしておいた。
	c.	Write **down** my phone number before you forget it.
		忘れないうちに，私の電話番号を書いておきなさい。

蓋が箱に固定されるように，35 では，言葉，免許証番号，電話番号などが紙の上に固定されることを **down** が表す。

3.7．除去

down は除去の意味も表す。例えば，高いところにあるほこりや垢などをほうきや水で落とすことである。次の動詞は，掃除や除去の方法を表す。

36	brush	ブラシをかける	clean	きれいにする
	clear	片づける	dust	ほこりを払う
	hose	ホースで洗う	mop	モップで拭く
	rub	きれいに消す	scrape	こすって落とす
	scrub	こすって磨く	sweep	掃く
	wash	洗う	wipe	拭く

36 の動詞が **down** と一緒に使われると，次のように，動詞は掃除の方法を，**down** はその結果を表す。

37	a.	Peter was coated in cement and we picked him up and dusted him **down**.
		ピーターがセメントをかぶっていたので，私たちは彼を立たせてセメントをすべて払い落とした（him はメトニミー的に彼がかぶっていたセメントを指す）。
	b.	Mother always cleans the whole house **down** at least once a month.
		少なくとも1か月に1回，母親は家じゅうを徹底的に掃除する。
	c.	When you've washed the car, wipe it **down** well.
		車を洗い終わったら，水気をよく拭き取りなさい。

37a ではピーターに付いたセメントを払い落とし，37b では家じゅうを掃除し，37c では車の水気を拭き取り，きれいになった結果を **down** が表す。

3.8. 消化

人の標準姿勢は直立なので，口に入った食べ物は食道を通って下へ下りていく。このように食べ物が下りる過程や下りた結果も **down** で表現される。そのため，**down** は食べたり飲んだりする方法を表す次の動詞と一緒によく使われる。

38	bolt	まるごと飲み込む	chow	食べる（略式）
	drink	飲む	get	食べる
	gulp	飲み干す	wolf	むさぼり食う

次の例で，動詞は方法を，**down** は食べた物が下りる過程や下りた結果を表す。

39	a.	Don't bolt **down** your food like that.
		そんなふうに食べ物をまるごと飲み込まないようにしなさい。
	b.	He gulped **down** a cup of hot soup.
		彼はカップ1杯の熱いスープを飲み干した。
	c.	He went into the kitchen and wolfed **down** a pie.

> 彼は台所に行ってパイ１つをむさぼり食った。

3.9. 蔑視

down は人の言葉や視線などが高いところから低いところに伝わる関係も表す。次を見てみよう。

---
40 a. 山の頂上から下界を見下ろした。
b. 彼は他人を見下している。

40a では，具体的な空間において，高いところから低いところを見ることを表す。40b では，抽象的な人間関係において，彼が自分を高い位置に置き，他人を低い位置に置いて見ることを表す。

　英語でも，次の動詞が **down** と一緒に使われると，軽蔑，蔑視，叱責などの意味が表れる。

---
41 | call | 呼ぶ | | dress | 叱る
look | 見る | | talk | 話す

次の例で 41 の動詞が使われている。

---
42 a. The teacher called him **down** for coming late.
先生は彼を，遅刻したと叱った。
b. He gets along well with his men because he never talks **down** to them.
彼は部下たちに対して見下した話し方をしないので，部下たちとうまく付き合っている。
c. They always look **down** upon us because we are poor.
私たちが貧しいので，彼らはいつも私たちを見下している。

3.10. 時間の流れ

水が高いところから低いところへ流れるように，時間もまた高いところから低いところへ動くものとして概念化される。高いところは時間の始まる過去であり，低いところはそれに続く部分である。すなわち時間は，過去から現在へ，そして現在から未来へ，流れていくものとして概念化される。

---

43 a. **Down** to the beginning of this year, Bill lived in Korea.
今年の初めまで，ビルは韓国で暮らしていた。

b. He lived **down** from 1925 to 1998.
彼は 1925 年から 1998 年まで生きていた。

c. Many of his poems have come **down** to us.
彼の多くの詩が私たちの時代にまで伝わってきている。

3.11. be 動詞と down

次において，be 動詞が **down** と一緒に使われている。be 動詞は，過程でなく，ある過程の結果として現れる状態を表現する。すなわち，**down** が表す過程の最後の部分だけを強調する。

---

44 a. The beer is 20 bottles **down**.
ビールが 20 本減った。

b. Our team was **down** by 3 points.
私たちのチームは 3 点差で負けた。

c. The date is **down** in my notebook.
その日付は私のノートに書かれている。

d. The computer is **down**.
パソコンは故障している。

e. The critics are **down** on him.
批評家たちが彼を非難している。

次において，主語はメトニミー的に体や所持金を指す。

---

45 a. He is **down** with flu.

彼はインフルエンザで寝込んでいる。

b. He is **down** to the last one dollar.

彼には最後の 1 ドルだけ残っている。

---

21 DURING

during は前置詞としてのみ使われる。

1. 前置詞的用法

X **during** Y において，Y が続く間，X が継続する。X は状態や過程であり，Y は期間や過程である。これを図で表すと，次のようになる。期間・過程 Y が続く間ずっと，図 1a では状態 X が継続し，図 1b では過程 X が継続する。

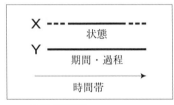
a. 状態の継続

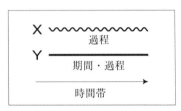
b. 過程の継続

図 1

次の X **during** Y において，期間・過程 Y が続く間，状態 X が継続する。

1	a.	The animal remains hidden **during** the night.
		その動物は夜の間ずっと隠れている。
	b.	In Korea, it is very cold **during** the winter months.
		韓国では，冬の何か月間かずっと，とても寒い。
	c.	They were in poverty **during** the depression.
		不景気が続く間ずっと，彼らは貧困の内に暮らしていた。

次の X **during** Y において，期間・過程 Y が続く間，過程 X が継続する。

2	a.	He slept **during** the lecture.
		講義の間，彼はずっと寝ていた。
	b.	**During** the summer vacation, he worked as a waiter.
		夏休みの間ずっと，彼はウエイターとして働いた。

c. They lived in a remote village **during** the war.
戦争の間ずっと，彼らは奥地の村で暮らした。

次において，期間・過程 Y が続く間のある時点で，過程 X が生起する。

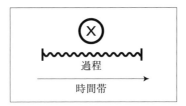

図2

3 a. The team scored three points **during** the first half of the game.
その試合の前半戦で，そのチームは3点を上げた。
b. **During** the lecture, he nodded off.
講義の間に，彼はうとうと居眠りした。

22 EXCEPT

except は前置詞としてのみ使われる。

1. 前置詞的用法

X **except** Y において **except** は，全体 X から Y が除外される関係を表す。これを図で表すと，次のようになる。

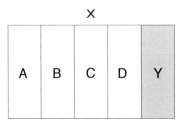

全体 X から Y が除外される

図1

---

1 a. I work every day **except** Sunday.

私は日曜日以外，毎日働いている。

b. Everybody **except** Mary was present.

メアリー以外はみんな参加した。

---

23 EXCEPT FOR

except for は前置詞としてのみ使われる。

1. 前置詞的用法

X **except for** Y において，Y さえ考慮しなければ X は事実となる。これを図で表すと，次のようになる。

Y さえ除けば X は事実である

図 1

次の 1a では，彼は信頼できる人である。ただし，彼が怠けているという事実は考慮しない。

1

a. He is a reliable person **except for** his laziness.
　彼が怠けているという点を除けば，彼は信頼できる人である。

b. It was a great holiday **except for** the weather.
　天気を除けば，とてもよい休日だった。

c. I like her **except for** the fact that she is over nice.
　親切すぎることを除けば，私は彼女が好きだ。

---

24 FOR

for は前置詞としてのみ使われる。

1. 前置詞的用法

1.1. X と Y が入れ替わる関係

X **for** Y はある領域の中にある X と Y が入れ替わる関係である。これは，図1のように表すことができる。図1において，四角形 A はある人の所有領域であり，四角形 B は他の人の所有領域である。A 領域内の X が B 領域へ行き，B 領域内の Y が A 領域へ行く関係を，**for** が表す。

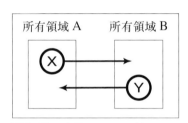

X と Y が交換される関係

図 1

1.1.1. 交換

次の X **for** Y においては，X と Y が交換される。1a では2ドルと本が交換され，1b ではレインコートと傘が交換される。

---

1 a. I gave 2 dollars **for** this book.
　　　私は2ドル払ってこの本を買った。
　　b. He exchanged a raincoat **for** an umbrella.
　　　彼はレインコートをあげて傘をもらった。
　　c. May I exchange the soap **for** another kind?
　　　石鹸を別の種類に交換できますか。

1a が表現する関係は，図2のように表すことができる。A が2ドルを払えば，その代わりに本が A の手に入る。

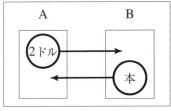

2 ドルと本の交換

図2

1.1.2. 原因・理由

次の X **for** Y において，X は感謝や喜びなどの感情であり，Y はそれらの感情の原因である。この場合，Y が先に生起し，X がその後に来る。

2	a.	She thanked her uncle **for** his letter.
		おじさんが手紙をくれたことに対して，彼女は感謝を述べた。
	b.	I am very grateful **for** your help.
		あなたが助けてくださったことに対し，私は非常に感謝しています。
	c.	Everyone shouted **for** joy.
		みんなはうれしくて歓声を上げた。

図3において，1と2は順序を表す。手紙が先に立ち，感謝が後に続く。

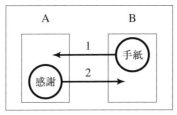

手紙が感謝の理由である

図3

次の表現でも **for** は理由を表す。

> **3** | a. We could hardly see **for** the thick fog.
> 　　　 濃い霧のために，私たちはほとんど見えなかった。
> 　　 b. **For** several reasons, I would not see him.
> 　　　 いくつかの理由で，私は彼に会わないようにした。

次の X **for** Y において，Y という考えのために X を捨てたり諦めたりする。

> **4** | a. He was left **for** dead on the battlefield.
> 　　　 彼は死んだものと思われて，戦場に放っておかれた。
> 　　 b. After a long search, we gave him up **for** lost.
> 　　　 長い捜索の末に，私たちは彼が死亡したものと思って断念した。

4a は，彼が死んだと思って戦場に放っておいたことを表す。4b は，彼が失踪して捜索していたが，もはや生存している可能性はないものと判断して捜索をやめたことを表す。ここにおいて **for** は，ある判断によってある行動が取られる関係を表す。

1.1.3. 目的
次の X **for** Y において，X は Y を得るための過程である。つまり，**for** は目的を表す。次の 5a では，彼が泣くのは水を得るためである。

> **5** | a. He is crying **for** water.
> 　　　 彼は水が欲しいと泣いている。
> 　　 b. He is fighting **for** freedom.
> 　　　 彼は自由を得るために戦っている。
> 　　 c. He is asking **for** money.
> 　　　 彼はお金を無心している。

図 4 において，戦いが先にあり，自由が後に与えられる。

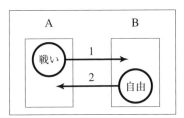

戦いの目的は自由を得ることである

図4

次においても，XはYを得るための過程である。

---

6 a. He asked **for** another pen.
　　彼はもう1本ペンが欲しいと要求した。
　b. He went out **for** a walk.
　　彼は散歩に出かけた。
　c. He ran **for** his life.
　　彼は生きるために逃げ出した。
　d. We watched **for** a chance to see her alone.
　　私たちは彼女が1人でいるときに会う機会をうかがった。
　e. She worked hard **for** her living.
　　彼女は生計のために一生懸命働いた。

1.1.4. 代理・代用

X **for** Y の交換の関係は，X が Y に代わる関係も表す。

---

7 a. He spoke **for** her.
　　彼は彼女の代わりに話した。
　b. He acted **for** the chairman in the negotiation.
　　彼はその交渉で議長の代わりを務めた。
　c. VOA stands **for** Voice of America.
　　VOA は「アメリカの声」の略語である。
　d. The plus sign is **for** adding.

> プラス記号（＋）は足すことを表す。

例文7aは図5のように表される。あるところからある人（彼女）が出て，そこに他の人（彼）が入る。

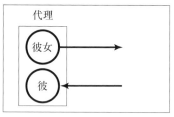

彼女が出たところに彼が入る

図5

次では，ある個体を他の個体の代わりに用いる関係を表す。8aにおいては，ある用途から1つの個体（机）が出て，そこに他の1つの個体（テーブル）が入る。

8	a.	I use a table **for** a desk.

8
a. I use a table **for** a desk.
　私はテーブルを机の代わりとして使う。
b. The farmer used a piece of plastic **for** a raincoat.
　農夫は，ビニールの切れ端をレインコート代わりに使った。
c. She used sheets **for** curtains.
　彼女はシーツをカーテンとして使った。

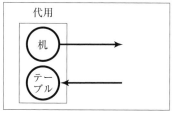

テーブルを机として代用する

図6

1.1.5. 錯覚

認識の面でXをYと間違えるときにも **for** が使われる。これは，心の中でYが入るはずのところにXが入る関係である。次の9aで，Y（あなた）が入るはずのところにX（スミス）が入る。

9	a.	I took Smith **for** you.
		私は，スミスをあなただと思った。
	b.	He took a big stone **for** a ball.
		彼は，大きな石をボールだと勘違いした。

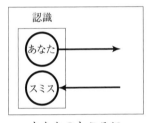
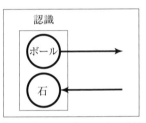

　　a.　あなたのところに　　　b.　ボールのところに石が
　　　　スミスが入る　　　　　　　入る

図7

1.1.6. 確実性・事実

次の X for Y において，X は知識や認識であり，Y は確実性や事実である。この場合，**for** は知識・認識と確実性・事実の相関関係を表す。

10	a.	I know **for** certain that it did snow last night.
		昨夜雪が降ったことが，私は確実に分かる。
	b.	He says he knows **for** a fact that you have passed your examinations.
		あなたが試験に合格したことを事実だと思うと，彼は言う。
	c.	I dropped my glasses this morning, but **for** a wonder they did not break.

> 今朝，私は眼鏡を落としたが，不思議なことに壊れなかった。

1.1.7. 比較

次の X **for** Y は，X のあるところに Y を代入してみる比較関係である。例文
11a では，私たちが飛行機 1 機を持っているとしたら，それに対して，敵軍は
10 機を持っているという意味である。

---

11   a.   **For** one airplane that we have, the enemy had ten.
　　　　 我が軍が飛行機 1 機を持っているのに対して，敵軍は 10 機を持っ
　　　　 ていた。

　　　 b.   The enemy had 30 ships **for** one that we had.
　　　　 我が軍が船 1 隻を持っているのに対して，敵軍は 30 隻を持っていた。

　　　 c.   Man **for** man, we were better than the enemy, but they had
　　　　 many more soldiers than we did.
　　　　 一対一で比較すれば我が軍のほうが敵軍より優れていたが，敵軍は
　　　　 我が軍より兵力数が多かった。

　　　 d.   He repeated what I said word **for** word.
　　　　 私が言ったことを，彼はひとことひとこと復唱した。

図 8 で，我が軍が 1 機の飛行機を持っているのに対し，敵軍は 10 機の飛行機を
持っている。

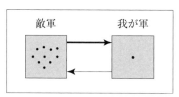

比較：1 に対して 10 ある

図 8

1.1.8. 目的地

次の X **for** Y において，X は移動体であり，Y は目的地である。このとき，**for**

は移動体 X が目的地 Y に向かう関係を表す。

12
a. We left Seoul **for** Hong Kong.
私たちはソウルを出て香港へ向かった。
b. They started out **for** Seoul.
彼らはソウルへ向かって出発した。
c. The plane took off **for** Boston.
その飛行機はボストンへ向かって出発した。
d. Sue swam **for** shore.
スーは海岸へ向かって泳いだ。
e. The balloon is headed **for** England.
その気球はイギリスへ向かっている。

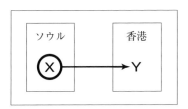

目的地：香港に行くためにソウルを出る

図 9

1.1.9. 距離

次の X **for** Y において，X は動きであり，Y は動く距離である。次の 13a で，動詞 walk 自体に限界はないけれども，この動詞が **for** と一緒に使われると距離的な限界が与えられる。

13
a. We walked **for** miles in the woods.
私たちは森の中を何マイルも歩いた。
b. We ran **for** half a mile.
私たちは半マイル走った。

次の X **for** Y において，X は広がりであり，Y は広がりの程度である。

14 a. The lake stretches **for** miles.

その湖は数マイル伸びている。

b. The forest extended **for** miles around us.

その森は，私たちの周りに数マイル広がっていた。

1.1.10. 時間

次の X **for** Y において，X は過程であり，Y はその期間である。次の 15a で，stay 自体に限界はないけれども，この動詞が **for** と一緒に使われるとその限界が与えられる。

15 a. We stayed there **for** three days.

私たちは 3 日間そこに泊まった。

b. The Christmas holidays last **for** a month.

クリスマス休暇は 1 か月続く。

c. He was sentenced **for** life.

彼は終身刑を宣告された。

d. They left the country **for** good.

彼らはその国を永遠に去った。

1.1.11. 道具

次の X **for** Y において，X は道具であり，これが Y の過程に使われる。

16 a. The knife is **for** cutting meat.

その包丁は肉を切るのに適している。

b. The cooker is **for** boiling rice.

その調理器はごはんを炊くのに使われる。

c. These glasses are **for** reading.

この眼鏡は読書用だ。

1.1.12. 判断の根拠

次の X **for** Y において，X は判断であり，基準となる Y に照らしてこの判断が
生じる。

---

17 a. He is tall **for** his age.
　　　彼は年齢のわりに背が高い。
　　b. It is cold **for** spring.
　　　春にしては寒い。
　　c. That's a good composition **for** a young girl.
　　　それは，幼い少女が書いたものとしては立派な作品である。

1.2. X が Y を受け入れる関係

これまで私たちが見てきた X **for** Y は，ある領域の中の X と Y が入れ替わる関
係であった（図 10a 参照）。このような関係が **for** の表す典型的な関係だとする
と，**for** の用法の中にはこの典型から少しはずれるものもある。

　次に見る場合では，X がある領域の中の個体ではなく，個体 Y を受け入れる
領域の役割を担う。典型的な場合には X と領域が明らかに区別されるが，この
場合には X と領域が区別されない。図 10a は典型的な **for** の関係であり，ある
領域 A と X，別の領域 B と Y が区別されている。それに対して，図 10b は典型
から少しはずれた関係であり，X 自体が領域の役割を担って Y を受け入れる。

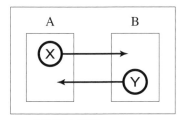
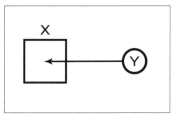

　a. 典型的な関係　　　　　　　　　　b. 変異的な関係：Y が X に入る関係

図 10

1.2.1. 賛成

次の X **for** Y において，X は Y を受け入れる。

---

18 a. Are you **for** or against shorter hours of work?

あなたは勤務時間を短縮することに，賛成ですか，反対ですか。

b. Ten of us were **for** the decision.

私たちのうち 10 人がその決定に賛成した。

1.2.2. 責任・有効

次の X **for** Y においても，X は Y を受け入れる。

---

19 a. He is responsible **for** the work.

彼はその仕事に責任がある。

b. The ticket is good **for** a lunch.

そのチケットは昼食 1 回につき有効だ。

19a の responsible は，彼がその仕事を受け入れなければならないことを表す。
19b の good は，そのチケットが昼食を受け取るのに有効であることを表す。

1.2.3. 場所 X が Y を受け入れる関係

次の X **for** Y において，X は場所であり，Y を受け入れる。

---

20 a. Cornwall is the warmest place **for** a holiday.

コーンウォールは，休日を楽しむのに最も暖かいところである。

b. There is room **for** two people in the car.

その車には 2 人が入る余裕がある。

1.3. Y が X を受け入れる関係

1.3.1. X が Y に入る関係

次の X **for** Y においては，X が Y に入る。これは，X が Y のためのものである

という関係を表す。

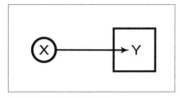

X が Y に入る関係

図 11

21	a.	This is a book **for** you.

21

a. This is a book **for** you.
　これはあなたのための本だ。

b. I bought a present **for** him.
　私は彼のためのプレゼントを買った。

c. I work **for** him.
　私は彼のために働いている。

d. He has done a lot **for** us.
　彼は私たちのために多くのことをしてくれた。

e. He sacrificed himself **for** his country.
　彼は祖国のために身を捧げた。

1.3.2.　意味上の行為者

次の X for Y において，X は課題であり，Y はこの課題を遂行する人である。

22

a. The problem is difficult **for** him.
　その問題は彼にとって難しい。

b. It is not easy **for** him to do the work alone.
　彼がその仕事を 1 人でするのは簡単でない。

c. It is unusual **for** her to be sad.
　彼女が悲しみを感じるのは，よくあることではない。

---

to 不定詞と一緒に使われるとき，前置詞 **for** の目的語は過程の行為者や状態の主

体を表す。この場合，前置詞 **for** の目的語が過程や状態を受け入れる。

1.3.3. X が Y に使われる関係

次の X **for** Y において，X は Y に使われる。

---

23 a. The turkey is **for** Thanksgiving dinner.

その七面鳥は感謝祭の夕食用である。

b. Those lemons are **for** lemonade.

あれらのレモンはレモネード用である。

c. We bought shoes **for** hiking.

私たちはハイキング用のシューズを買った。

1.3.4. X が Y の意味上の目的語となる関係

次の X **for** Y において，X は物品であり，売買・貸借 Y の対象である。

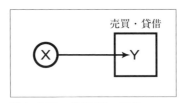

X が売買・貸借 Y の対象

図 12

---

24 a. The house is **for** sale.

その家は売りに出されている。

b. The horse is **for** hire.

その馬は借りられる。

1.3.5. 順序

次の X **for** Y において，X は過程であり，Y はその過程が起きる時間上の順序である。

> **25** a. I saw her **for** the first time on Monday.
> 　　私は月曜日に初めて彼女に会った。
> 　　b. She came **for** the second time last week.
> 　　彼女は先週 2 度めの訪問をした。

25a で私が月曜日に彼女に会った出来事は，図 13a の 1 つめの枠に入る。また，25b で先週彼女が来た出来事は，図 13b の 2 つめの枠に入る。

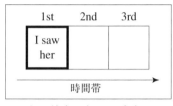

a.　私が彼女に初めて会う

b.　彼女が 2 度めに来る

図 13

2.　他の前置詞との比較

次の 26a の **to** は感謝する気持ちが向かう先であり，26b の **for** は感謝の原因である。

> **26** a. I am grateful **to** him.
> 　　私は彼に対して感謝している。
> 　　b. I am grateful **for** him.
> 　　私は彼のおかげだと感謝している。

次の 27a の **for** は目的を表し，27b の **to** は結果を表す。

> **27** a. She came home **for** dinner.
> 　　彼女は夕食を食べに家に帰った。
> 　　b. She came home **to** dinner.

> 彼女は家に帰って夕食を食べた。

次においても，**for** と **to** は区別される。

---

28 a. They sailed **for** New York.

　　　彼らはニューヨークに向かって出発した。

　　b. They sailed **to** New York.

　　　彼らはニューヨークまで航海した。

28a は，彼らがニューヨークに向かって出発したという意味である。一方，28b は，ニューヨークまで航海をしたという意味である。

　次の 29a に使われた **to** は，私が観察者または判断者であることを表す。それに対して，29b に使われた **for** は，私が衝撃を受ける人であることを表す。

---

29 a. It was a shock **to** me.

　　　私には，それは衝撃的なことだと思われた。

　　b. It was a shock **for** me.

　　　それは私にとって衝撃であった。

---

25 FROM

from は前置詞としてのみ使われる。

1. 前置詞的用法

1.1. 移動の出発地

次の文に使われた動詞は移動動詞で，移動の出発点が **from** で表現されている。

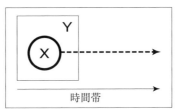

X が Y から出発する

図 1

---

1 a. He came here **from** Malaysia yesterday.
　　　彼は昨日，マレーシアからここへ来た。
　　b. He went away **from** Seoul last year.
　　　彼は去年，ソウルを出てどこかへ行った。
　　c. He stepped aside **from** the road and looked at the flowers.
　　　彼は道からはずれて花を見た。

1.2. 距離測定の起点

2 つの個体の間の距離を表すのにも前置詞 **from** が使われる。ある個体 X が別の個体 Y から遠ざかれば，この 2 つの個体の間には距離が生じる。このとき，Y を基点として，2 つの個体の間の距離を表現する。

2 a. The island lies far **from** the land.

その島は陸地から遠く離れている。

b. The school is 5km **from** his house.

その学校は，彼の家から 5 キロメートル離れている。

c. The mountains are a long way **from** here.

その山々はここから遠く離れている。

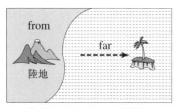

a. 陸地から島までの距離

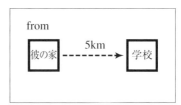

b. 彼の家から学校までの距離

図 2

1.3. 視線の出発点

次において，**from** は視線の出発点として表現されている。

3 a. His house is across the park **from** us.

私たちのいるところから見て，彼の家は公園の向こう側にある。

b. The view **from** our house was beautiful.

私たちの家から見た景色は美しかった。

c. We watched the men **from** our window.

私たちは家の窓からその人たちを注視した。

d. **From** the top of the hill, you can see the sea.

丘の頂から海が見える。

3a が表す関係は図 3a，3b が表す関係は図 3b のように表現されうる。

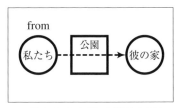

a. 私たちから見て公園の向こうに彼の家がある

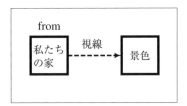

b. 私たちの家から景色が見える

図3

1.4. 懸垂・突出の起点

次の X **from** Y において，X は Y からぶら下がったり突き出たりしている。

> **4** a. A lamp is hanging **from** the ceiling.
> 　 天井からランプがぶら下がっている。
> b. Big rings hang **from** her ears.
> 　 彼女の耳に大きなイヤリングがぶら下がっている。
> c. A nail projected **from** the wall.
> 　 壁から釘が突き出ていた。
> d. A large rock rose **from** the sea.
> 　 大きな岩が海から突き出ていた。

例文 4a は図 4a のように表すことができる。ランプが空中にぶら下がっていて，ぶら下がる起点が天井であることを **from** が表す。

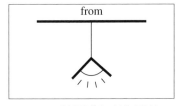

a. ランプが天井にぶら下がっている

b. 岩が海から突き出ている

図4

215

1.5. 音源

次の X **from** Y において，X は音であり，この音は Y から出てくる。

> **5** a. Have you heard **from** your father this week?
>   今週，あなたのお父さんから知らせがありましたか。
> b. He shouted to us **from** the other side of the room.
>   部屋の向こう側から，彼が私たちに叫んだ。
> c. Sweet music was flowing **from** the kitchen.
>   台所から美しい音楽が流れていた。

例文 5 の 3 つの文における関係は，図 5 のように表すことができる。

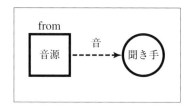

図 5

1.6. 原料

次の X **from** Y において，X は Y から作られる。ある個体がある場所から他の場所へ移る表現は，ある個体がある状態から別の状態へ変化するひな形となる。次の例を見てみよう。

> **6** a. The jam is made **from** oranges and sugar.
>   そのジャムはオレンジと砂糖から作られている。
> b. Cider is made **from** apples.
>   サイダーはリンゴから作られる。
> c. Bread is made **from** flour and yeast.
>   パンは小麦粉とイーストから作られる。

> d. These bowls are made **from** clay.
> これらの皿は粘土から作られている。

1.7. 変化の始まり

次の X **from** Y において，X は Y から変化が始まる。

7

a. The sky slowly changed **from** blue to red.
空が徐々に青から赤へ変わった。

b. Things went **from** bad to worse.
すべてが，悪い状態からさらに悪くなった。

c. **From** boys, they became men.
彼らは少年から大人になった。

d. He rose **from** office boy to director.
彼は給仕から支配人になった。

例文 7 で見た状態の変化に使われた **from** は，図 6b のように表すことができる。図 6a は，場所の移動に使われた **from** である。

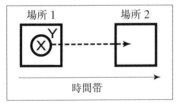
a. 場所の移動

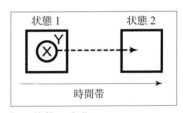
b. 状態の変化

図 6

1.8. 引用・由来

X **from** Y において，X は Y から引用・由来する。8a で，「祝杯の歌」は『椿姫』から引用したものである。

8	a.	The 'Drinking Song' is **from** 'La Traviata'.
		「祝杯の歌」は『椿姫』から出たものである。
	b.	Many English words are derived **from** Latin.
		多くの英単語はラテン語に由来する。
	c.	The play is an adaptation **from** a novel.
		その演劇はある小説の脚色である。

1.9. 原因

次の X **from** Y において，X は Y から出てきたものである。つまり，X が結果，Y が原因である。

9	a.	His failure in the exam resulted **from** laziness.
		彼が試験で失敗したのは怠惰の結果だった。
	b.	In the winter, people suffer a lot **from** cold.
		人々は冬に風邪でひどく苦しむ。
	c.	**From** no fault of his own, he became a homeless.
		自分には非がないのに，彼はホームレスになった。
	d.	The children are tired **from** playing.
		子どもたちは遊び疲れている。

図 7 で，失敗は怠惰から来る。

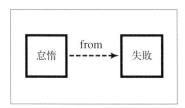

図 7

218

1.10. 行動の動機

次の X **from** Y において，Y が動機となって X の行動をする。

---

10 a. They helped him **from** kindness.

彼らは親切心から彼を助けた。

b. He hurt it **from** spite.

彼は悪意でそれに害を与えた。

c. He acts **from** a sense of duty.

彼は義務感で行動する。

10a では彼らが彼を助けたのだが，この行動が親切心から出たものであることを**from** が表す。つまり，この場合，親切心は助ける行動の出発点，すなわち動機である。10b における悪意も，彼が何かに害を与える行動の出発点，すなわち動機である。

1.11. 思考・判断の基礎

次の X **from** Y において，Y をもとにして X の思考・判断をする。

---

11 a. **From** his looks, you might think him stupid.

彼の姿を見たら，あなたは彼を馬鹿だと思うかもしれません。

b. **From** what I heard, the driver was to blame.

私の聞いたところによると，運転手に非があります。

c. **From** the way he dressed, you would think he was rich.

彼の身なりを見たら，あなたは彼がお金持ちだと思うだろう。

d. **From** the child's point of view, this book isn't very interesting.

子どもの目から見ると，この本はあまり面白くない。

例文 11a で，あなたの思考・判断（X）は彼の姿（Y）に由来する。これは，図 8 のように表すことができる。

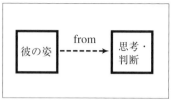

彼の姿をもとにした思考・判断

図 8

1.12. 区別

X **from** Y において，X が Y から離れていれば区別できる。

---

12 | a. He doesn't know his left hand **from** his right hand.
彼は右手と左手を区別できない。
b. This soap is quite different **from** that one.
この石鹸はあの石鹸と非常に異なる。

1.13. 動作・過程からの分離

次の例文で，X は行為者を，Y は動作を表す。

---

13 | a. He is **to** go.
彼は行く予定である。
b. He is **on** the go.
彼は絶えず動き回っている。
c. They kept him **from** going.
彼らは彼を行かせなかった。

13a において **to** は，行為者が動作を眺める関係を表すので，予定を表す。13b において **on** は，行為者が行動に付いていること，つまり行動が起きていることを表す。13c において **from** は，行為者が動作から離れていること，つまり行動

が起きないことを表す。このような関係を，保護と阻止に分けて見てみよう。

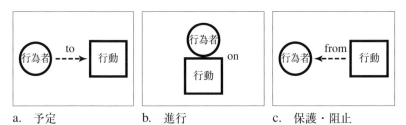

a.　予定　　　　　b.　進行　　　　　c.　保護・阻止

図9

1.14.　保護

次の X **from** Y において，X は他動詞の目的語，Y は対象・過程であり，**from**
は X が Y から離れている関係を表す。他動詞の目的語 X が対象・過程 Y から
離れていれば，この事態は成立しない。例文 14a で **from** は，傘が私たちを雨か
ら離して保護する関係を表す。

14　a.　Umbrellas protect us **from** the rain.
　　　　傘は，私たちを雨から守ってくれる。
　　　b.　The screen shields us **from** ultraviolet rays.
　　　　そのスクリーンは，私たちを紫外線から保護してくれる。
　　　c.　He saved the child **from** drowning.
　　　　彼は子どもを溺死から救った。
　　　d.　We kept the bad news **from** her.
　　　　私たちは，その悪い知らせを彼女に伝えなかった。

1.15.　阻止

次では，他動詞の目的語 X が，動名詞で表現された過程 Y から離れている。

> **15** a. He stopped us **from** taking photographs of the ship.
>
> 彼は私たちに，その船の写真を撮らせてくれなかった。
>
> b. He kept me **from** going there.
>
> 彼は私をそこに行かせなかった。
>
> c. Bad weather prevented them **from** sailing.
>
> 天気が悪くて，彼らは航海できなかった。

1.16. 引き算

X **from** Y において，X は引き算で取り除く部分を，Y は全体を指す。

> **16** a. Three **from** sixteen is thirteen.
>
> 16 から 3 を引くと 13 になる。
>
> b. Thirty subtracted **from** forty is ten.
>
> 40 から 30 を引くと 10 になる。

1.17. 状態

次の X **from** Y は，文の主語 X が状態 Y から離れていることを表す。

> **17** a. John is far **from** being stupid.
>
> ジョンは全然馬鹿ではない。
>
> b. Mary is feeling far **from** glad to be home again.
>
> メアリーはまた家に帰ってきたことをまったくうれしく思っていない。

例文 17 においては，ある人 X がある状態 Y から遠く離れている，つまり，まったくこのような状態にない。17a では，X（ジョン）が Y（馬鹿）から遠く離れている，つまり，ジョンは全然馬鹿ではない。これは図 10 のように表すことができる。

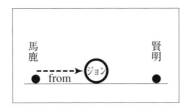

図 10

1.18. 時間関係

動作や状態は，常に時間の中で生起する。Y が時間を表す場合，**from** Y は動作や状態が始まった時点を表す。

---

18 | a. They work **from** morning till night.
彼らは朝から晩まで働いている。
b. He lived **from** 1756 to 1830.
彼は 1756 年から 1830 年まで生きていた。
c. It lasted **from** the 17th century to the 18th century.
それは 17 世紀から 18 世紀まで続いた。

---

2. 他の前置詞との比較

2.1. from と of

原材料を表すのに，**from** と **of** が使われる。

---

19 | a. Butter is made **from** cream.
バターはクリームから作られる。
b. The desk is made **of** wood.
その机は木で作られている。

19a では，クリームがバターになると完全に別のものになっている。このような原料を表示する場合に **from** が使われる。19b では，木で机を作っても木は依然として木のままである。このような材料を表示する場合に **of** が使われる。

原因を表すのにも **from** と **of** が使われるが，この場合も 2 つの前置詞の意味は異なる。

---

20 a. He died **from** the wound.
　　　彼は傷を負って死んだ。
　　b. He died **of** fever.
　　　彼は熱病で死んだ。

20a では，X は死，Y は傷であり，X **from** Y は X と Y の間に距離があることを意味するので，彼は傷を負ってから合併症などが発症して死んだという意味に解釈されうる。したがって，Y が間接的・付随的な原因を表す場合に，**from** が使われる。一方，Y が直接的・本質的な原因を表す場合に，**of** が使われる。

---

21 a. He was relieved **from** fear.
　　　彼は恐怖から解放された。
　　b. He was relieved **of** the responsibility.
　　　彼はその責任が免除された。

21a における **from** は彼が恐怖から離れたことを表し，21b における **of** は彼から責任が除去されたことを表す。

2.2. from と with

次に使われた **from** と **with** はどちらも，ある原因を表すものと思われる。

---

22 a. The walls have become black **from** smoke.
　　　壁が煙で黒くなった。
　　b. They roared like bulls **with** pain.
　　　彼らは苦痛で雄牛のように声を上げた。

22a における **from** は，長い間，壁が煙の影響を受けて黒くなったことを意味する。22b における **with** は，うめき声と苦痛がともにあることを意味する。次の2つの文も比較してみよう。

---

23 a. His hands were red **from** the night air.
夜の（冷たい）空気で彼の手は赤くなっていた。
b. My hands were blue **with** cold.
私の手は寒さで青くなった。

23a において **from** は，寒い夜に長時間外にいたせいで，室内に入ってもなお手がしもやけのように赤くなっていることを表す。23b において **with** は，寒さが続く中で手が青くなっていることを表す。

in は前置詞および副詞として使われる。まず前置詞の用法から見てみよう。

1. 前置詞的用法

前置詞の用法には、動的な関係と静的な関係がある。

1.1. 動的関係

動的関係の X in Y は、移動体 X がある領域 Y に入る関係を表す。これを図で表すと、次のようになる。図1で X は Y に入る。

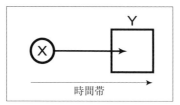

in の動的関係：X が Y に入る関係

図1

X in Y の Y は、門などの通路やタクシーなどの領域でありうる。次の Y は通路である。

---

1 | a. A stray dog ran **in** the gate.
野良犬が門から入ってきた。
b. He looked **in** the window.
彼は窓から中をのぞき込んだ。

次の Y は領域である。

---

2 | a. He got **in** the taxi.
彼はタクシーの中に入った（すなわち、乗った）。

---

b. He got **in** a long line.

彼は長い列に並んだ。

c. She put some salt **in** the soup.

彼女はスープに塩を少し入れた。

1.2.　静的関係

静的関係の X in Y は，X が Y の領域の中にある関係を表す。これを図で表すと，次のようになる。

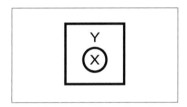

in の静的関係：X が Y の中にある関係

図 2

図 2 の Y は，立体的な場合もあり，平面的な場合もある。静的な関係において in Y は，X の範囲を限定する。

　以下，Y をいくつかの場合に分けて見てみよう。

1.2.1.　Y が立体的な場合
1.2.1.a.　領域
次の Y は立体的な領域である。

3　a. She works **in** an office.

彼女は事務所で働いている。

b. They study **in** the library.

彼らは図書館で勉強する。

c. He is **in** the school.

> 彼は学校にいる。

例文 3 は，立体的な領域 Y と関連してある過程・行動 X が起きることを表す。例えば 3a の **in** an office は彼女が働く領域を表すが，必ずしも事務所の中で働いているということを意味しない。

　例文 4 も，X が立体的な領域 Y の中にあるものとして概念化された例である。例えば，4a の **in** her hand は本のある領域を指す。

---

4 a. She had a book **in** her hand.
　　　彼女は手に本を持っていた。
　 b. I keep files **in** the bottom drawer.
　　　私はいちばん下の引き出しにファイルを保管している。
　 c. The car is **in** the garage.
　　　車は車庫にある。

1.2.1.b.　乗り物
次の Y は乗り物である。自動車，船，飛行機，馬車のように，中に入るとあまり自由に動けないものには，前置詞 **in** が使われる。

---

5 a. They arrived **in** a limousine.
　　　彼らはリムジンに乗って到着した。
　 b. They crossed the lake **in** a canoe.
　　　彼らはカヌーに乗って湖を渡った。
　 c. He was brought here **in** a helicopter.
　　　彼はヘリコプターでここに移送された。
　 d. They travelled **in** covered wagons.
　　　彼らは幌馬車に乗って旅行した。

1.2.1.c.　服・履き物などの着用
私たちが服を着れば，私たちの体は服の中に入る。この場合，X は私たちの体であり，Y は服である。したがって，X **in** Y は，服を着ている状態を表すのに

も使われる。履き物の場合は，私たちの体の一部分が履き物の中に入るだけだが，この場合も前置詞 in で表現される。

---

6 a. I don't like walking around **in** shoes when I am at home.
　　 私は家にいるときには靴を履いて歩きたくない。

b. The players are **in** uniform.
　　 選手たちはユニフォームを着ている。

c. She was **in** a green dress when I saw her.
　　 私が見たとき，彼女は緑の服を着ていた。

d. She is **in** silk today.
　　 今日，彼女は絹の服を着ている。

e. When it is hot, one usually finds him **in** white.
　　 暑いとき，普通，彼が白い服を着ているのを見ることができる。

6d の silk は，絹という生地そのものではなく，メトニミー的に絹で作った服を指す。6e の white も，白という色そのものではなく，メトニミー的に白い服を指す。

1.2.2.　Y が平面的な場合

次の X in Y の Y は平面的な領域である。7a の in the street は車の停まっている領域を指す。

---

7 a. Several cars are standing **in** the street.
　　 何台かの車が道に停まっている。

b. We were walking **in** the park.
　　 私たちは公園を歩いていた。

c. There is a fork **in** the road about a half mile from here.
　　 ここから半マイル離れたところで道が分かれる。

a. 道に停まっている車

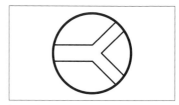

b. 道にある分岐点

図3

1.2.3. 範囲限定

次の Y は，大きな個体の一部分を指す。8a の the hand はブラシの柄のひびが入った部分を指し，8b の **in** the stomach は石が当たったジョンの腹の一部分を指す。この場合にも，その個体の中という意味ではない。

> 8 | a. The brush has a break **in** the hand.
> | そのブラシは柄にひびが入っている。
> | b. One of the stones hit John **in** the stomach.
> | それらの石の1つがジョンの腹に当たった。
> | c. She looked me straight **in** the face.
> | 彼女はまじまじと私の顔を見た。

1.2.4. 状態

状態は抽象的なので，具体的な空間をもって理解される。そのため，状態を表すのにも，空間関係を表す前置詞が使われる。

まず，Y に定冠詞がついている場合と無冠詞の場合を比較してみよう。

> 9 | a. He is **in** the school. / **in** school.
> | 彼は学校の構内にいる。/ 彼は在学中である。
> | b. She is **in** the hospital. / **in** hospital.
> | 彼女は病院の構内にいる。/ 彼女は入院中である。
> | c. He is **in** the prison. / **in** prison.
> | 彼は刑務所の構内にいる。/ 彼は収監中である。

> d. She is **in** the bed. / **in** bed.
>
> 彼女はベッドの中にいる。/ 彼女は寝ている。

9a において，定冠詞のついた the school が使われる場合は彼が学校の構内にいるという意味であり，無冠詞の school が使われる場合は学校の持つ機能の領域の中にいるという意味になる。そのため，保護者が学校に行っているとき，**in** the school とはいえるが **in** school とはいえない。反対に，生徒は学校にいなくても **in** school といえる。9b においても，患者を訪問した人が病院の構内にいるとき，**in** the hospital とはいえても **in** hospital とはいえない。9c・9d の prison や bed も同様に解釈できる。

　上で見たように，定冠詞がつく場合は具体的な建物や個体を指し，無冠詞の場合は建物や個体の持つ機能を指す。機能も一種の状態である。

a. in the school

b. in school

図4

図 4a は X が Y の示すある場所にあること，図 4b は X が Y の示す場所の持つ機能（状態）にあることを表す。

1.2.5. 精神状態

精神状態も **in** で表現される。

> **10**　a. She is **in** a bad temper today.
>
> 今日，彼女は機嫌が悪い。
>
> b. She is **in** love with Mr. Jones.
>
> 彼女はジョーンズさんを愛している。
>
> c. We are **in** fear of more snow.
>
> もっと多くの雪が降るのではないかと，私たちは恐れている。

> d. Are you **in** favor of stopping now?
>
> あなたは，いまやめることに賛成しますか。

1.2.6. 材料・道具

私たちのする活動も，さまざまな領域に分類することができる。例えば，材料や道具の領域によって分類することもできるし，その動作をするときの心の状態によって分類することもできる。例文 11 では，材料や道具の領域によって活動を分類して見ている。

> **11** a. Write **in** ink.
>
> インクで書いてください。
>
> b. She models **in** clay.
>
> 彼女は粘土で模型を作る。
>
> c. They sent messages **in** code.
>
> 彼らは暗号で伝言を送った。

ある材料や道具を使うということは，ある活動が特定の領域の中で起きることだと考えられる。11a は書くという活動がインクを使ってする領域で成立することを表し，11b は模型を作るという活動が粘土を使ってする領域で成立することを表す。

1.2.7. 活動分野

さらに，音楽・文学などの芸術や歴史学・言語学などの学問といった活動分野も，領域として概念化される。

> **12** a. He plans to make his career **in** music.
>
> 彼は音楽業界で身を立てる計画を立てている。
>
> b. She's an expert **in** literature.
>
> 彼女は文学分野の専門家である。
>
> c. He's been **in** politics for 30 years.
>
> 彼は 30 年間政界に身を置いている。

d. His father made a lot of money **in** business.

　彼の父親は実業界で多くのお金をかせいだ。

e. I am taking a course **in** history.

　私は歴史学分野の１つの講座を受講している。

f. She has a Ph.D. **in** linguistics.

　彼女は言語学の博士号を持っている。

1.2.8. 自然環境

私たちの周囲の環境も境界を持つ領域と解釈され，**in** で表現される。

13 a. I like sitting **in** the dark.

　私は暗いところに座るのが好きだ。

b. The flag was waving **in** the wind.

　旗が風になびいていた。

c. He stayed out **in** the rain and caught a cold.

　彼は雨の中を出かけて風邪をひいた。

d. He was soon swallowed **in** the mist.

　彼はすぐに霧の中へと消えてしまった。

さらにいくつかの例を見てみよう。

14 a. He worked **in** the blizzard.

　彼は吹雪の中で仕事をした。

b. The lions are resting **in** the shadow.

　ライオンたちが陰で休んでいる。

c. He is out sunbathing **in** the sun.

　彼は外で日光浴をしている。

1.2.9. 創作物

本・手紙・演劇なども，始まりと終わりのある領域とみなされ，前置詞 **in** が使われる。次がそのような例である。

15 a. There were some interesting stories **in** this book.

この本にはいくつかの面白い話があった。

b. **In** his letter, the president said that he was going to retire the following year.

手紙の中で，大統領は翌年に引退すると述べた。

c. I am acting **in** our next school play.

次回の学校の演劇で，私は出演する予定だ。

1.2.10. 集会

複数の個体が集まれば 1 つの領域になる。

16 a. They came **in** dozens to see the animals.

彼らはその動物たちを見るために 12 名ずつやってきた。

b. Tea is not bad for you if you drink **in** small quantities.

お茶は少しずつ飲めば害はない。

c. The rain came down **in** buckets.

バケツをひっくり返したようなどしゃ降りだった。

d. He cut the apple **in** halves.

彼はリンゴを半分に切った。

例文 16a では，12 名の人々が集まって 1 つの領域をなすので，前置詞 in が使われる。

1.2.11. 集団・線形

複数の個体が 1 か所に集まれば集団になり，一列に並べば線形になる。集団や線形も領域である。

17 a. He carried a damp cloth rolled **in** a ball.

彼はボールの形に丸まった湿った布を持っていた。

b. They were threatening to resign **in** a body.

彼らは集団で辞めると脅していた。

c. He waited **in** a long line.
　　彼は長い列で待った。
d. The children sat **in** a row.
　　子どもたちが一列に座った。

1.2.12.　期間

時間は抽象的なので，空間概念を借りて表現される。期間は2つの時点の間の空間とみなされ，前置詞 **in** で表される。これを図で表すと，次のようになる。

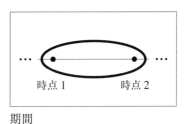

期間

図5

ここでいう期間は，過去，時代，年，月，朝など，さまざまな長さでありうる。

18
a. **In** the past, people traveled in carriages or on horseback.
　　かつて，人々は馬車や馬に乗って旅行した。
b. **In** the days of Queen Elizabeth I, men wore bright clothes.
　　エリザベス1世の時代には，男性たちが華やかな色の服を着ていた。
c. I went there **in** 2020.
　　私は2020年にそこに行った。
d. She was born **in** January.
　　彼女は1月に生まれた。
e. **In** the morning, I listened to the news on the radio.
　　朝，私はラジオでそのニュースを聞いた。

1.2.13. 頻度

前置詞 **in** は，一定の期間内に起きる出来事の頻度を表すのにも使われる。

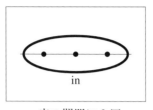 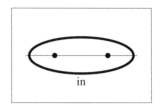

a.　一定の期間に 3 回　　　　　b.　一定の期間に 2 回

図6

次の 19a では，1 時間に 200 回，稲妻が光る。

19	a.	There were 200 lightning bursts **in** one hour.

19

a. There were 200 lightning bursts **in** one hour.
   1 時間に 200 回も稲妻が光った。
b. India had three cyclones **in** a season.
   インドは 1 つの季節に 3 回もサイクロンに見舞われた。
c. He comes here once **in** a year.
   彼は 1 年に 1 回ここに来る。
d. I have not seen him **in** a decade.
   私は 10 年間一度も彼に会っていない。
e. I have not had a decent meal **in** a long time.
   私は長時間，食事らしい食事をしていない。

1.2.14. 短時間

短い時間を表す instant（瞬間）や minute（分）なども期間とみなされる。私たちの認知能力は，点を期間に変え，期間を点に変えることができる。

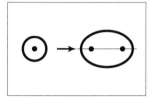
a.　点を期間に変える

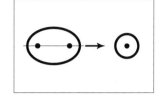
b.　期間を点に変える

図 7

20	a.	The elephant died **in** an instant.
		その象は一瞬で死んだ。
	b.	Things changed **in** a minute.
		すべてが一瞬にして変わった。
	c.	He saved a person **in** the nick of time.
		彼はぎりぎりで 1 人の人を救った。
	d.	He returned **in** a short moment of time.
		彼は短時間で帰ってきた。

1.2.15.　in と未来時制

前置詞 **in** が未来時制と一緒に使われると，ある期間の終わりのほうを指す。

21	a.	The topic will be discussed **in** two weeks.
		そのトピックは 2 週間後あたりに議論されるだろう。
	b.	The talk will resume **in** an hour.
		討論は約 1 時間後に再開されます。
	c.	He will be back **in** a minute.
		彼は 1 分くらいで戻るだろう。
	d.	I will see you **in** two weeks.
		2 週間ほど後にお目にかかります。

次は，X が一定の時間領域の中にある場合である。

22
a. Am I **in** time or have I come too late?
　私は時間内に着きましたか，それとも遅すぎましたか。
b. We arrived **in** time for the beginning of the film.
　私たちは，上映開始時刻に間に合うように到着した。

22a の Y (time) は一定の時間の範囲である。ある集会が 9 時に始まるとすれば，この時刻が境界線となり，9 時以前は内側，9 時を過ぎると外側になる。例文 22 は図 8 のように表すことができる。

図 8

1.2.16.　過程

過程は一定の時間の中で起き，始まりと終わりがあるので，過程もやはり領域とみなされ，前置詞 **in** と一緒に使われる。

1.2.16.a.　名詞句

過程にも始まりと終わりがある。そして，この範囲の中に何かが存在したり，この範囲の中で何かが生起したりする。次の例では，**in** の過程が名詞句で表現されている。

23
a. How many goals did you score **in** the last game?
　前回の試合で，あなたは何点取りましたか。
b. Did you see any elephants **in** your journey through India?
　インド旅行中にあなたは象をご覧になりましたか。
c. He is **in** a meeting.
　彼は会議中である。

> d. If you are **in** an accident, call 911.
>
> 　もしあなたが事故に巻き込まれたら，911 に電話してください。
>
> e. He got three medals **in** the swimming event.
>
> 　彼はその水泳大会で 3 つのメダルを獲得した。

23a の運動競技は始まりと終わりを持つ領域であり，**in** で表される。23b の旅行も同じように始まりと終わりを持つ領域であり，**in** で表される。

 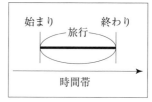

　　　a.　過程：運動競技　　　　　b.　過程：旅行

図 9

1.2.16.b.　動名詞句

上の例では **in** の過程が名詞句で表現されていた。次の例では **in** の過程が動名詞句で表現されている。

24　a. My purpose **in** writing to you was to see whether you could come.

　あなたに手紙を書いた目的は，あなたが来られるかどうか確認するためでした。

b. He cut his finger **in** opening a can.

　彼は缶を開けようとして指を切った。

c. He has succeeded **in** passing the examination.

　彼はその試験に合格することに成功した。

d. Some young people delight **in** disagreeing with everything anyone says.

　一部の若者たちは，他の人たちの意見にことごとく反対することに喜びを感じる。

24a の動名詞句は手紙を書く過程の領域を表し，この内側に目的が入る関係を **in** が表す。24b の動名詞句は缶を開ける過程の領域を表し，この内側に別の過程が入る関係を **in** が表す。24c・24d の動名詞句も誰かが成功したり喜びを求めたりする領域を表す。

2. 副詞的用法

X **in** Y の Y がない場合，副詞である。

in の副詞的用法には，静的な関係と動的な関係がある。静的な関係では暗示された Y の中に X があり，動的な関係では暗示された Y の中に X が入る。また，副詞 **in** は「中へ」という意味ではなく，次のような動詞の意味に近い。

25	a.	この家には日がよく<u>入</u>る。
	b.	駅に列車が<u>入っ</u>てきている。
	c.	家に入居者を<u>入れた</u>。
	d.	家に家具を<u>入れて</u>おいた。
	e.	タイヤに空気を<u>入れた</u>。

次の例文を見てみよう。**in** を「中へ」と翻訳したらおかしい。「中へ」は **inward** で表現される。

26	a.	He came **in** late last night.
		彼は昨日，夜遅く帰ってきた。
	b.	He came **inward** late last night.
		彼は昨日，夜遅く中へ入ってきた。

26a の **in** を「中へ」と翻訳するのはおかしいが，26b の **inward** を「中へ」と翻訳するのはおかしくない。

2.1. 静的関係

図 10a は静的前置詞 **in** を表す。図 10b は静的副詞 **in** を表し，Y が点線で表示されている。

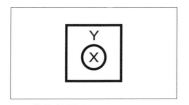

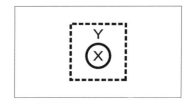

a. 静的前置詞　　　　　　　　b. 静的副詞

図 10

副詞 **in** の Y は表現されないが，状況から推測可能である。次の文を見てみよう。

27	a.	Is she **in**?
		彼女が（どこかに）入っているの？
	b.	I stayed **in** all day long.
		私は一日じゅう出かけずに家にいた。

例文 27a に使われた副詞 **in** の目的語は状況によって異なりうる。例えば，部屋，家，事務所などがありうる。

28	a.	Are we eating **in** tonight?
		今日の夕食は家で食べますか。
	b.	Mother used to have a female servant who slept **in**.
		母親は住み込みのメイドを雇っていた。
	c.	I have been waiting **in** all day for the telephone repairman.
		私は一日じゅう，電話修理工を家で待った。
	d.	On Sunday mornings we always lie **in**.
		日曜日の朝，私たちはいつも遅くまで寝る。

例文 28a・28b・28c で暗示された **in** の目的語は家であり，28d で暗示された **in**

の目的語はベッドである。

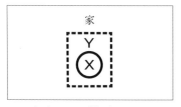

a. 暗示された Y: 家

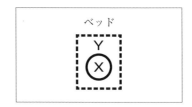

b. 暗示された Y: ベッド

図 11

2.2. 動的関係

前置詞 **in** の用法の 1 つは，移動体がある領域に入る動的関係である。このような意味が副詞の用法にもある。図 12a は前置詞を表す。図 12b は副詞を表し，Y が明示されていない。暗示された Y は文脈・状況・常識から推測可能である。

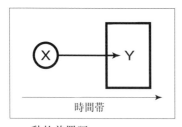

a. 動的前置詞

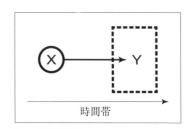

b. 動的副詞

図 12

2.2.1. 状況

次の例文を見てみよう。次では，対話の状況から Y が分かる。

29	Has she come **in** yet? 彼女が入ってきたのか。

例文 29 では彼女が入ってきたところが明示されていない。対話の状況から聞き手が推測できると話し手が判断したためである。

2.2.2. 文脈

次において，Y は文脈から推測されうる。次の例文を見てみよう。

> **30** a. If you agree to pay me 1,000 dollars, I will throw a set of four tires **in**.
> （車の代金として）私に 1,000 ドル払うことにあなたが同意するなら，私はタイヤ 4 つを（取引に）投げ込もう（すなわち，サービスしよう）。
> b. When I settle **in**, you must come and see our new house.
> 私たちが（新しい家に）落ち着いたら，ぜひいらして私たちの新しい家をご覧ください。

例文 30a で **in** の目的語は取引であり，30b で **in** の目的語は新しい家である。

2.2.3. 常識

次のような場合，暗示された Y は常識から推測される。砂糖を買い込むところは彼女の家であり，車を回収するところはメーカーであり，下宿生を受け入れるところは彼らの家である。

> **31** a. She bought sugar **in** before the price rose again.
> また値上がりする前に彼女は砂糖を買い込んだ。
> b. The maker called some cars with dangerous faults **in**.
> メーカーは危険な欠陥のある車を回収した。
> c. Some of the people take students **in** to add to their income.
> その人たちのうち何人かは，収入を補うために，学生たちを下宿生として受け入れている。

以下，副詞 **in** が使われる具体的な例を見てみよう。

2.3. 挿入

次において，X はどこかに入るのだが，入るところは予測可能である。入れ歯

を入れるところは口の中であり，鍵を入れるところは鍵の穴である。

---

32 a. Mr. Smith went to his dentist and got his new teeth **in**.
　　　スミスさんは歯医者に行って，新しい入れ歯を作って入れた。
　　b. Put the key **in** first, and then push the button.
　　　まず（鍵穴に）鍵を入れてからボタンを押してください。
　　c. We had our cupboard built **in**.
　　　私たちは食器棚を据え付けにした。

2.4. 浸透・侵入

次において **in** は，表面から奥へ，外から中に入る関係を表す。

---

33 a. Rub the oil well **in**, and the pain will go.
　　　オイルをよく塗り込みなさい。そうすれば，痛みが消えるだろう。
　　b. If you drive the nail **in** here, you can hang a picture on it.
　　　ここに釘を打ち込めば，絵をかけられる。
　　c. The rebels blew the wall of the government building **in**.
　　　反乱軍が政府庁舎の壁を爆破して中に入った。

オイルを塗れば肌の奥に入り，釘を打てば壁などの中に入る。

2.5. 進入

次において，X は空間・時間 Y の中に入る。暗示された Y は，話し手がいるところや住むところなどの領域である。

---

34 a. Winter set **in**.
　　　冬が（私たちの住むところに）入った（すなわち，始まった）。
　　b. A storm is rolling **in**.
　　　暴風が吹き込んできている。
　　c. John was the first **in**, so he won the race.

　　ジョンがいちばん先に入ってきて，そのレースで優勝した。

d. Troops arrived **in** and put down the riot.
　　部隊が突入して暴動を鎮圧した。

2.6.　対話への割り込み

次において，X が入るところは対話である。

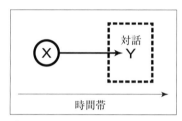

誰かが対話に割り込む

図 13

35 a. May I break **in** to say that lunch is ready?
　　（対話中に割り込んで）昼食が準備できたことをお伝えしてもよろ
　　しいでしょうか。

b. She cut **in** and said that she was not coming.
　　彼女は対話に割り込んできて，来ないと言った。

35a において 2 人が対話を交わしているとすれば，この 2 人は対話の領域にいる
ものと考えられる。したがって，この 2 人以外の誰かが発言することは対話の
領域に割り込むものと解釈される。

2.7.　適合

次において，X は with の目的語とよく合う。

36	a.	Your dates fit **in** very well with our plan.
		あなたの日程は私たちの計画にぴったり合致します。
	b.	We at once fell **in** with his suggestion.
		私たちはすぐさま彼の提案に同意した。
	c.	The color of the paint blends **in** with the curtain very nicely.
		塗装の色がカーテンととてもよく合っている。
	d.	She finds it difficult to mix **in** with others.
		彼女は他の人たちと交流することを難しいと感じる。
	e.	We must fit our plans **in** with yours.
		私たちの計画をあなたの計画に合わせないといけませんね。

2.8. 割り込み

次において，X が割り込むところは道である。

37	a.	The car overtook us on a corner and then had to cut **in** sharply to avoid a truck coming from the opposite direction.
		その車は角で私たちを追い越したのだが，向こうから来るトラックをよけるために私たちの前に急に割り込まなければならなかった。
	b.	After 3/4 of a mile, Jim managed to run **in** ahead of his rival in the race.
		3/4 マイルを走った後，ジムは競走相手の前に入り込んだ。

37a で **in** の領域は，私たちが運転する道である。この領域に入ってきたということは，私たちが行く道に割り込んだという意味である。37b でも **in** の領域は，競走相手が走行する道である。

2.9. 活動領域

次において，X はある活動領域に入って for の目的語 Y を得る。図 14 で点線の四角形はある活動領域であり，ここで for の目的語 Y を得ることができる。

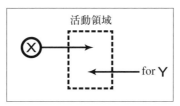

X は活動領域に入って for の目的語 Y を得る

図 14

---

38 a. We go **in** for a lot of tennis here.

　　私たちはここでよくテニスをする。

　b. When I go to university, I intend to go **in** for law.

　　私は大学に行って法律を専攻するつもりである。

　c. By inviting us to the party, he let us **in** for a very noisy and un-comfortable evening.

　　彼は私たちをパーティーに招待し，うるさくて居心地の悪い夜を過ごすようにした。

2.10. 陥没

in は，ある個体の一部や全体が外側から内側にへこむ関係も表す。図 15 の時点 1 では 4 つの面がすべて無傷だが，時点 2 では 1 つの面がへこんでいる。

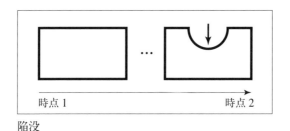

陥没

図 15

次の例を見てみよう。

39	a.	My hat is squashed **in**.
		私の帽子がしわくちゃになっている。
	b.	The roof gave **in**.
		屋根が内側にへこんだ。
	c.	The earth beneath the house gave **in**.
		家の下の地面がへこんだ。

2.11. 縮小

in は何かの長さが縮む関係を表す。図 16 の a は元の長さであり，b は縮んだ長さである。

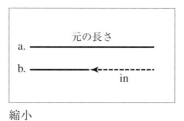

縮小

図 16

次の例を見てみよう。

40	a.	It's October and the days are drawing **in** now.
		10 月なので，だんだん日が短くなっている。
	b.	She took the waist of her dress **in**.
		彼女はドレスのウエストを縮めた。
	c.	The shirt shrunk **in** with water.
		水につけたら，シャツが縮んだ。

2.12.　制御

次において，外に出ようとする力に対抗して内側に引っ張る力を加える関係を
in が表す。41a では，馬が前に進もうとするのに対して反対方向に力を加える関
係を **in** が表す。

41　a.　You must hold your horses **in** while they are going.
　　　　馬が動くときには手綱を内側に引っ張っていなければならない。
　　b.　The dictator must be reined **in**.
　　　　その独裁者は手綱が内側に引っ張られなければならない（すなわち，
　　　　制御されなければならない）。

図 17 で，馬が前に進もうとするのに対して反対方向に引っ張る。

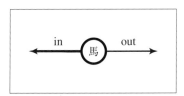

前に進もうとする力に対抗して引っ張る

図 17

2.13.　収斂

次において **in** は，移動体が目標に向かって少しずつ範囲を狭めていく関係を描
写する。
　図 18 で **in** は，移動体が範囲を狭めて目標に行き着く関係を表す。この目標
は，on の目的語として表現される。このような関係は，犯罪捜査で捜査網を狭
めていくような関係を表すのにも使われる。

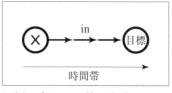

目標に向かって範囲を狭めていく

図18

次の例を見てみよう。

42
a. The police slowly closed **in** on the man.
警察がじわじわと捜査網を狭めてその人物に近づいていった。
b. The police are moving **in** on the gamblers.
警察が範囲を狭めてギャンブラーたちを捕まえようとしている。
c. The plane zeroed **in** on the factory.
飛行機は工場に照準を合わせて突入した。
d. He zoomed **in** on the car.
彼は自動車に焦点を合わせていった。

2.14. 包囲

次の文に使われた動詞 box，fence，wall は，名詞から派生したものである。次において X は，敵，おり，壁で囲まれる。

43
a. The whole army was boxed **in** by the enemy.
全軍が敵に包囲された。
b. The dangerous animals were fenced **in**.
危険な動物たちはおりの中に入れられた。
c. The garden was walled **in** in the 17th century.
その庭園は 17 世紀に壁で囲まれた。

---

3. 他の前置詞との比較

3.1. in と at

次において，at は位置を指し，in は領域の中を指す。

44
a. Some children are playing **at** the park.
　　何人かの子どもたちが公園で遊んでいる。
b. Some children are playing **in** the park.
　　何人かの子どもたちが公園の中で遊んでいる。

3.2. in と on

次では，名詞 bed が **in** または **on** と一緒に使われている。

45
a. The man was **in** the bed.
　　その男はベッドで寝ていた。
b. The man sat **on** the bed.
　　その男はベッドに座っていた。

45a の **in** はその男がベッド（布団）の中にいることを表し，45b の **on** はその男がベッドの上にいることを表す。

　次では，名詞 list が **in** または **on** と一緒に使われている。

46
a. The earliest **in** the list were Mark, John, Tom, and Bill.
　　名簿の冒頭には，マーク，ジョン，トム，ビルの名前があった。
b. I put my name **on** the list.
　　私は自分の名前を名簿に書いた。

46a の **in** は名簿を 1 つの抽象的な領域とみなし，46b の **on** は名簿を名前の書かれた 1 つの具体的な平面とみなす。

次では，名詞 face が **in** または **on** と一緒に使われている。

---

47 | a. He was wounded **in** the face.
     | 彼は顔に傷を負っている。
     | b. **On** her face was a happy smile.
     | 彼女の顔には幸せな微笑があった。

47a の **in** は顔を傷のある立体的な領域とみなし，47b の **on** は顔を微笑が広がる平面とみなしている。

参考文献

Dictionaries

Benson, Morton, Evelyn Benson, and Robert Ilson. 1986. *The BBI Combinatory dictionary of English: a guide to word combinations*. Amsterdam: John Benjamins.

Courtney, Rosemary. 1983. *Longman dictionary of phrasal verbs*. London: Longman.

Cowie, A. P. & R. Mackin. 1975. *Oxford dictionary of current idiomatic English*. London: Oxford University Press.

Cullen, Kay and Howard Sargeant. 1996. *Chambers English dictionary of phrasal verbs*. Edinburgh: Chambers Harper Publishers Ltd.

Fowler, W. S. 1978. *Dictionary of idioms*. London: Nelson.

Heaton, J. B. 1965. *Prepositions and adverbial particles*. London: Longman.

Hill, L. A. 1968. *Prepositions and adverbial particles*. London: Oxford University Press.

Hornby, A. S. O. 1974. *Oxford advanced learner's dictionary of current English*. London: Oxford University Press.

Procter, Paul (ed.). 1978. *Longman dictionary of contemporary English*. London: Longman.

Sinclair, J. M., & R. Moon (eds.). 1989. *Collins Cobuild dictionary of phrasal verbs*. London: Collins Cobuild.

Taya-Polidori, Junko. 1989. *English phrasal verbs in Japanese*. London: Edward Arnold.

Turton, Nigel D., and Martin H. Manser. 1985. *The student's dictionary of phrasal verbs*. London: Macmillan.

Urdang, Laurence (ed.). 1979. *Longman dictionary of English idioms*. London: Longman.

Wood, Frederick. 1967. *English prepositional idioms*. London: Macmillan Press Ltd.

Wood, Frederick. 1964. *English verbal idioms*. London: Macmillan.

Workbooks

Bruton, J. G. 1969. *Exercises on English prepositions and adverbs*. Ontario: Thomas Nelson and Sons (Canada) Ltd.

Close, R. A. 1967. *Prepositions*. London: Longman.

English Language Services. 1964. *The key to English prepositions*. London: Collier Macmillan Ltd.

English Language Services. 1964. *The key to English two-word verbs*. London: Collier Macmillan Ltd.

Feare, Ronald E. 1980. *Practice with idioms*. New York: Oxford University Press.

Heaton, J. B. 1965. *Using prepositions and particles* (1, 2, 3). London: Longman.

Hook, J. N. 1981. *Two-word verbs in English*. New York: Harcourt Brace Jovanovich, Inc.

Longman for the British council. 1968. *Structures used with phrasal verbs*. London: Longman.

McCallum, George P. 1970. *Idiom drills*. New York: Thomas Y. Crowell Company.

Mortimer, Colin. 1972. *Phrasal verbs in English*. London: Longman.

Pack, Alice C. 1977. *Prepositions*. DYAD. Rowley, Mass.: Newbury House Publishers, Inc.

Reeves, George. 1975. *Idioms in action: a key to fluency in English*. Rowley, Mass.: Newbury House Publishers.

Worrall, A. J. 1975. *More English idioms for foreign students*. London: Longman.

Books and Papers

Bennett, David C. 1975. *Spatial and temporal uses of English prepositions: an essay in stratificational semantics*. London: Longman.

Bolinger, Dwight. 1971. *The phrasal verb in English*. Cambridge, Mass.: Harvard University Press.

Brugman, Claudia M. 1983. *The story of over*. Linguistic Agency University Trier. Series A, paper no. 102.

Cuyckens, Hubert. 1984. At: a typically English preposition. In Jacek Fisiak, ed., *Papers and Studies in Contrastive Linguistics* 19: 49–64.

Deane, Paul D. 1992. Polysemy as the consequence of internal conceptual complexity: the case of over. *ESCOL*: 32–43.

Deane, Paul D. 1993. *Multimodal spatial representation: on the semantic unity of over and other polysemous prepositions*. Duisburg: Linguistic Agency, University of Duisburg.

Dewell, Robert B. 1994. Over again: image-schema transformations in semantic analysis. *Cognitive Linguistics* 5: 351–380.

Dirven, Rene. 2010. *The construal of cause: the case of cause prepositions*, in J. Taylor & R. E. MacLaury (eds.). *Language and the cognitive construal of the world*. Berlin/New York: Mouton de Gruyter, 95–118.

Fraser, Bruce. 1967. *The verb-particle combination in English: Taishukan studies in modern linguistics*. New York: Academic Press.

Hawkins, B. 1984. *The semantics of English prepositions*. Ph.D. dissertation, UCSD.

Herskovits, Annette. 1985. Semantics and pragmatics of locative expressions. *Cognitive science* 9: 341–378.

Herskovits, Annette. 1986. *Language and spatial cognition. An interdisciplinary study of the prepositions*. Cambridge: Cambridge University Press.

Kennedy, Arthur G. 1920. *The modern verb-adverb combination*. Stanford: Stanford University Press.

254

Lakoff, George. 1987. *Women, fire and dangerous things: what categories reveal about the mind*. Chicago: Chicago University Press.

Lakoff, George, and Mark Johnson. 1980. *Metaphors we live by*. Chicago: University of Chicago Press.

Leech, Geoffrey N. 1969. *Towards a semantic description of English*. London: Longman.

Lindner, Sue. 1983. *A lexico-semantic analysis of English verb particle construction*. Indiana University Linguistics Club.

Lindkvist, K. G. 1978. *At vs. on, in, by: on the early history of spatial at and certain primary ideas distinguishing at from on, in, by*. Stockholm.

Osmond, Meredith. 1997. The prepositions we use in the construal of emotion: why do we say fed up with but sick and tired of? In Niemeier, Susanne & René Dirven (eds.). *The language of emotions: conceptualization, expression, and theoretical foundation*. 111–133. Amsterdam: John Benjamins.

Radden, G. 1985. Spatial metaphors underlying prepositions of causality. In W. Paprotte and R. Driven (eds). *The ubiquity of metaphors*. Amsterdam: John Benjamins.

Rauh, G. 1991. *Approaches to prepositions*. Tubingen: Gunter Narr Verlag.

Rice, Sally. 1992. Polysemy and lexical representation: The case of three English prepositions. *Proceedings of the 14th annual conference of the cognitive science society*. 89–94. New Jersey: Lawrence Erlbaum.

Rice, Sally. 1993. Far afield in lexical fields: the English prepositions. In Bernstein. Michael (ed.). *ESCOL '92*. Ithaca: Cornel University Press. 206–217.

Rice, Sally. 1996. Prepositional prototypes. In Puetz, Martin, and Rene Dirven (ed.), *The construal of space in language and thought*. Berlin: Mouton de Gruyter.

Vandeloise, Claude. 1994. Methodology and analysis of the preposition in. *Cognitive linguistics* 5: 157–184.

Wege, B. 1991. On the lexical meaning of prepositions: a case study of above, below, and over. In G. Rauh (ed.), *Approaches to prepositions*. 275–296. Tubingen: Gunter Narr Verlag.

Wesche, Birgit. 1986. At ease with at. *Journal of semantics* 5: 385–398.

Wierzbicka, Anna. 1993. Why do we say in April, on Thursday, at 10 o'clock? In search of an explanation. *Studies in language* 17: 437–454.

【著者・訳者紹介】

[著者]

イ・ギドン（李 基東，Keedong Lee）

　ソウル大学校師範大学（英語教授法学士），University of Hawaii 大学院（英語教授法修士），University of Hawaii 大学院（言語学博士），建国大学校文科大学副教授，延世大学校文科大学教授，延世大学校名誉教授。

　主要業績：[著書]*A Korean Grammar on Semantic and Pragmatic Principles*，*A Kusaiean Reference Grammar*，*A Kusaiean-English Dictionary*，『英語の形容詞と前置詞』，『英語動詞の意味（上・下）』，『認知文法から見た英語動詞』，『認知文法から見た動詞辞典』，『英語動詞の文法』，『英語句動詞研究』。[訳書]『文法理解論』，『言葉の諸相』，『言語と心理』（共訳），『認知言語学』（共訳），『言葉』（共訳），『現代言語学』（共訳），『言語学概論』（共訳）。その他，数編の翻訳および 100 編以上の論文。教文社・熊進出版社・志学社・能率英語にて高校教科書著述。

[訳者]

吉本 一（よしもと・はじめ，Hajime Yoshimoto）

　釜山大学校大学院国語国文学科修士課程・博士課程卒業（文学博士），昌信大学日語科専任講師，東国大学校日語日文学科専任講師・助教授，ソウル大学校日本語教師養成課程非常勤講師（2001-2003），ソウル大学校国語教育研究所客員研究員（2014-2015），現在：東海大学語学教育センター教授。

　主要業績：[著書]『新みんなの韓国語 1・2』（共著），『新・韓国語へのとびら』（共著）ほか多数。[訳書]『認知言語学キーワード事典』（共訳），『ことばの認知科学事典』（共訳），『認知言語学入門』（共訳），ほか多数。

チェ・ギョンエ（崔 敬愛，Kyung-Ae Choi）

　梨花女子大学校大学院英語英文学科修士課程・博士課程卒業（文学博士），梨花女子大学校文理大学英語英文学科講師，牧園大学校人文大学英語英文学科教授，University of Arizona 言語学科訪問教授（2003-2004），University of Arizona アジア学科訪問教授（2010-2011），現在：牧園大学校人文大学英語英文学科名誉教授。

　主要業績：[著書]『英語音声学の理解』（共著），『英語形態論』（共著），『やさしい英語音声学』（共著），『大学生のための英語発音練習』（単著）。[訳書]『日本語の音声』，『英語の「なぜ？」に答える——はじめての英語史』。

図説 英語の前置詞（上）

〈一歩進める
英語学習・研究ブックス〉

2024 年 2 月 20 日　第 1 版第 1 刷発行

著　者　　イ・ギドン
訳　者　　吉本一　チェ・ギョンエ
発行者　　武村哲司
印刷所　　日之出印刷株式会社

発行所　　株式会社　開 拓 社

〒112-0013 東京都文京区音羽 1-22-16
電話　（03）5395-7101（代表）
振替　00160-8-39587
https://www.kaitakusha.co.jp

Japanese edition ⓒ 2024 H. Yoshimoto and K.-A. Choi

ISBN978-4-7589-1223-5　C0382